基于社会网络理论的低碳创新网络机理与创新效率评价研究

Research on Mechanism and Innovation Efficiency Evaluation of Low-carbon Innovation Network Based on Social Network Theory

赵亚楠　著

中国财经出版传媒集团

经济科学出版社
Economic Science Press

图书在版编目（CIP）数据

基于社会网络理论的低碳创新网络机理与创新效率评
价研究／赵亚楠著. --北京：经济科学出版社，
2023.3

ISBN 978 - 7 - 5218 - 4421 - 4

Ⅰ.①基… Ⅱ.①赵… Ⅲ.①低碳经济 - 产业集群 -
技术创新机制 - 研究 Ⅳ.①F269.23

中国国家版本馆 CIP 数据核字（2023）第 012271 号

责任编辑：汪武静
责任校对：靳玉环
责任印制：邱　天

基于社会网络理论的低碳创新网络机理与创新效率评价研究

赵亚楠　著

经济科学出版社出版、发行　新华书店经销

社址：北京市海淀区阜成路甲 28 号　邮编：100142

总编部电话：010 - 88191217　发行部电话：010 - 88191522

网址：www. esp. com. cn

电子邮箱：esp@ esp. com. cn

天猫网店：经济科学出版社旗舰店

网址：http：//jjkxcbs. tmall. com

固安华明印业有限公司印装

710 × 1000　16 开　14 印张　230000 字

2023 年 3 月第 1 版　2023 年 3 月第 1 次印刷

ISBN 978 - 7 - 5218 - 4421 - 4　定价：68.00 元

（图书出现印装问题，本社负责调换。电话：010 - 88191545）

（版权所有　侵权必究　打击盗版　举报热线：010 - 88191661

QQ：2242791300　营销中心电话：010 - 88191537

电子邮箱：dbts@ esp. com. cn）

前　言

近年来，过量使用化石燃料导致的全球气候变暖、城市雾霾横行和资源耗竭等环境问题日益严峻，低碳可持续发展成为世界关注的经济与社会议题。2018 年中国的碳排放占全球总量的28%，居世界第一位，人均碳排放也高于全球平均值，因此我国政府高度重视节能减排等环境问题。低碳经济的发展离不开低碳创新的推动作用，低碳经济又是实现低碳创新的基础，低碳创新的实施和推进必将会对我国高投入、高增长的粗放式经济增长模式产生辐射作用，加快经济社会的低碳化发展进程。"低碳"和"创新"是经济可持续发展转型的根本动力，能够促进经济、社会和环境的协调发展。低碳创新的发展不仅需要创新主体具有独立的低碳创新能力，还要与学研机构、中介金融机构等形成优势资源互补、知识共享、风险共担的低碳创新网络。"十四五"规划指出，加强企业的创新主体地位，促进各类创新要素的集聚，推动产业链、产学研的深度合作创新，实现创新系统整体效能的提升。因此，系统研究低碳创新网络对推动我国产业结构和经济模式的生态化转型升级具有至关重要理论与实践意义。

本书基于社会网络理论，以低碳创新网络为研究对象，以促进低碳创新网络发展为目标，构建了基于社会网络理论的低碳创新网络机理与创新效率评价研究框架，结合实证分析深入挖掘基于社会网络理论的低碳创新网络机理与创新效率，提出了低碳创新网络的发展对策，为低碳经济背景下创新主体突破低碳壁垒、培育可持续性竞争优势提供理论基础和实践借鉴。

第一，确定了基于社会网络理论的低碳创新网络机理与创新效率评价的研究框架。在分析现有低碳创新网络相关研究的基础上，界定了低碳创新网络的内涵、特征和创新主体，遵循"提出问题—分析问题—解决问题"的研究脉络，构建了基于社会网络理论的低碳创新网络机理与创新效率评价研究框架，解读了各部分的主要内容及其内容间的逻辑关系。

第二，明晰了基于社会网络理论的低碳创新网络形成。分析了低碳创新网络的形成动因，从纵向组织、横向组织和产学研组织三个层面分析了低碳创新网络的形成机制，初步探究了低碳创新网络的形成过程。利用专利合作申请数据，绘制了基于新能源汽车行业的低碳创新网络，采用社会网络分析法对低碳创新网络的网络结构、网络关系、主体特征以及网络特征进行测度。

第三，探究了基于社会网络理论的低碳创新网络作用机理。从社会网络全局视角出发，构建了低碳创新网络作用机理的概念模型，结合经典量表题项与现有研究，结果表明网络结构、网络关系和知识共生对低碳创新网络具有显著正向作用，组织异质性、能力异质性对低碳创新网络具有先正后负的倒"U"型作用，目标异质性对低碳创新网络有负向作用；知识共生在网络关系与低碳创新网络之间发挥部分中介作用，知识共生能够显著调节组织异质性、能力异质性对低碳创新网络先正后负的倒"U"型作用。

第四，揭示了基于社会网络理论的低碳创新网络演化机理。低碳创新网络主体持续采取合作策略是后续研究的前提，构建低碳创新网络演化博弈模型来描述主体之间的决策互动机制，利用社会网络理论、交易成本理论和演化博弈理论，以无标度社会网络为演化载体，通过数值仿真模拟不同参数设定下低碳创新网络的演化趋势与稳态。

第五，构建了基于社会网络理论的低碳创新网络创新效率评价指标体系与评价模型。从低碳创新网络的投入层面、产出层面和环境层面构建了低碳创新网络创新效率评价指标体系，提出了 J-SBM 三阶段 DEA 综合评价法构建低碳创新网络创新效率评价模型，对我国制造业低碳创新网络创新效率进行了评价分析。

第六，提出基于社会网络理论的低碳创新网络发展对策，对应本书各个部分的研究成果，立足于低碳创新网络发展的全过程，从网络结构和创新主体、网络关系以及外部环境三个层面提出了低碳创新网络发展对策，为低碳创新网络中企业的战略决策以及相关政府部门的政策制定提供有益借鉴。

目录

第 1 章

绪 论

1.1 研究背景、目的及意义

1.1.1 研究背景

随着世界各国工业经济的快速发展、全球环境形势与能源问题的日趋严峻，生态破坏、能源耗竭等环境问题层出不穷，低碳可持续发展已经成为备受理论界与实践者关注的关键议题。从 1997 年为应对全球气候变暖问题签订的《京都议定书》到 2009 年为解决 CO_2 排放量问题签订了的《哥本哈根协议》，世界各国对低碳经济时代已达成共识（omer，2007）。2015 年，《巴黎协定》将低碳可持续发展确定为全球气候问题治理的主方针，并确立了于 21 世纪下半叶实现温室气体零排放的目标，同时，中国政府作出 2030 年单位 GDP 的 CO_2 排放量比 2005 年降低 60%～65% 的承诺，表明我国在降低能耗和碳减排上任重而道远。2015 年，中国实施制造强国战略的第一个十年后行动纲领《中国制造 2025》中再次明确了"创新驱动，绿色发展""全面推行绿色低碳制造"的发展方针，强调了低碳经济在国家发展中的重要地位。2016 年，G20 杭州峰会将低碳经济作为重要议题，并提出了 G20 杭州峰会"碳中和"项目以实现峰会零排放的目标，体现出我国发展低碳经济，走可持续增长道路和推动全球应对气候变化挑战的决心。2020 年，《中共中央关于制定国民经济和社会发展第十四个五年规划和二〇三五年远景目标的建议》中提出"降低碳排放强度，支持有条件的地方率先达到碳排放峰值，制定二〇三〇年前碳排放达峰行动方案"。因此，在低碳经济全球化发展背景下，各国亟须解决如何将传统经济向低碳经济转型，实现世界经济、生态平衡以及社会可持续发展。

改革开放四十多年来，我国经济发展取得了巨大成就。截至 2019 年，我国 GDP 以 6.1% 的年增长率领先于全球主要经济体，对世界经济增长的贡献率约为 30%，成为世界第二大的经济体，是世界经济稳步发展的重要力量。我国经济经历了一个较长时期的高速发展阶段，在这个发展阶段里忽略了环境污染、透支了人口红利，资源、环境与社会保障问题的制约日趋严重，依赖要素投入的粗放式经济发展方式已经难以为继，需要转变为遵守经济、环境与社会规律的可持续发展[①]。2017 年我国废水排放量为 6 996 609.97 万吨，化学需氧量为 2 143.98 万吨，氨氮化合物排放量为 97.34 万吨。废气中的主要污染物二氧化硫排放量为 696.32 万吨，氮氧化物 1 785.22 万吨，烟（粉）尘排放量 796.26 万吨。2019 年，根据《全球碳预算报告》，中国 2018 年碳排放量为全球碳排放总量的 28%，以高于全球人均 4.8 吨 CO_2/人·年$^{-1}$ 的 7.0 吨 CO_2/人·年$^{-1}$ 的人均碳排放量居全球首位，可见，我国碳减排压力也越来越大。"创新"和"低碳"是解决环境、资源问题的关键点，是可持续发展的根本动力。低碳创新作为最关键的经济生产要素，是实现经济、环境、社会协调发展的重要路径，要实现经济增长质的转变必须提升低碳创新对经济总量的贡献。截至 2019 年，我国 R&D 经费投入约为 22 143 亿元，同比增长 12.53%，增速提高 0.76%，R&D 强度为 2.24% 左右，连续 6 年超过 2%，绝对指标和相对指标上均有显著提升，自主研发创新已成为创新驱动发展的重要支撑，但与发达国家 2.5%~4% 的 R&D 投入强度相比，我国的整体创新能力有待提高。

---

① 资料来源：国家统计局发布的《改革开放 40 年经济社会发展成就报告》。

　　我国是否能够实现低碳创新对发展低碳经济具有举足轻重的作用，低碳技术基础差、创新资源匮乏一直以来都是制约低碳创新发展的关键问题，单独依靠企业内部进行有效创新变得越来越困难，亟须通过合作创新形成产业创新集群优势突破现有创新困境，合作创新能够打破企业边界限制，实现合作创新的协同效益，随着低碳创新的纵深发展，"点对点"式合作创新模式逐渐发展为多主体互动的创新网络模式，低碳创新网络应运而生。党的十九大报告指出"建立以企业为主体、市场为导向、产学研深度融合的技术创新体系，促进科技成果转化"，再次强调了创新体系建设的重要性。低碳创新网络是推动要素驱动向创新驱动转变的核心力量，已成为各国低碳创新体系发展的重要组织形式。低碳创新网络是由企业、学研机构和政府等创新主体在低碳经济环境下结成的一种新型创新体系，以低碳创新为源头，介于企业内部组织和市场之间，为网络成员提供互动平台，不同的创新主体通过创新网络进行知识、信息、能量和物资等资源的渗透和传递，实现优势互补、资源共享、风险共担的协同效应，更好地对外部环境的变化作出反应。中国经济结构优化升级已经成为新常态，增长速度从高速转变为中高速，驱动力从要素转变成创新，在此背景下，明确低碳创新网络对我国实现经济目标和环境目标具有重要意义，基于社会网络理论探究低碳创新网络机理与创新效率评价，明晰低碳创新网络的发展对策，有助于提高我国低碳发展水平和国际竞争力，进而推动经济—环境—社会的可持续发展，促进环境友好型与资源节约型社会的建设。

1.1.2　研究目的

　　本书研究目的在于通过社会网络理论视角剖析低碳创新网络的形成、作用机理、演化机理和创新效率评价，全面科学地认识低碳创新网络的发展规律，据此作为探索低碳经济情境下突破资源和环境约束的低碳可持续发展模式的行之有效对策，为促进我国低碳创新网络发展和经济增长方式转变提供理论参考和实践指导，为有关部门制定相关政策提供决策支持和有效借鉴，为社会网络和低碳创新网络理论关系的进一步完善与发展作出贡献。

1.1.3　研究意义

（1）理论意义

低碳创新与创新网络一直是国内外研究的热点，我国对于如何践行低碳发展的研究仍处于理论探讨层面，尚未形成系统的理论分析框架，仍有许多空白亟待填补。现阶段创新性地探索社会网络理论和低碳创新网络机理与创新效率评价之间的关系，无疑丰富了当前欠成熟的理论体系和分析框架，具有较好的理论意义。本书基于社会网络理论视角，探究了低碳创新网络的内涵、特征、创新主体、形成动力、形成机制、合作关系等基本问题，植根于低碳创新网络的本土化研究，采用社会网络理论、交易成本理论和演化博弈理论作为研究基础，综合利用多学科的研究方法，明晰了低碳创新网络要素，构建了低碳创新网络作用机理分析框架，揭示了低碳创新网络演化过程规律，构建了低碳创新网络创新效率评价指标体系与评价模型，提出了低碳创新网络发展对策，在一定程度上丰富了低碳创新网络领域的研究内容，拓展了低碳创新网络的研究视角与研究方法，为低碳创新网络的进一步研究提供理论基础和有益借鉴。

（2）实践意义

目前，我国经济发展进入创新驱动的新常态，但由于创新主体对低碳创新的重视程度不足、环境规制力度待提高、低碳创新研究相对薄弱等原因，导致低碳创新水平仍处于初级阶段。随着世界各国环境规制日趋严格与创新模式的网络化发展，低碳创新网络是我国应对资源、环境挑战的重要手段，低碳创新主体易受到来自社会网络的影响作用，针对基于社会网络理论的低碳创新网络机理与创新效率评价研究具有重要现实意义。第一，本书有助于各个创新主体对低碳创新网络的整体和本质的正确认识，使其更加主动地参与到低碳创新合作活动中，使创新主体正确理解低碳创新网络的网络形成、作用机理、演化机理以及创新效率评价，对创新主体积极贯彻低碳创新与合作创新提供高效的运作与管理机制，提高创新主体的低碳创新能力、协同创新能力以及社会影响作用，有助于促进低碳创新网络的发展。第二，本书对于界定和分析低碳创新网络内涵、特征，为低碳创新网络创新效率评价提供了一套科学的、完整的理论与方法体系，为促进低碳创新网络发展制定提供理论依据。第三，本书结论有助于推动低碳经济发展与环境规制改革，有助于培育低碳可持续竞争优势，对实现国家创新驱动的低碳经济发展战略目标具有现实指导意义。

1.2　国内外研究现状

1.2.1　国外研究现状

（1）低碳创新的相关研究

随着全球气候变暖、雾霾现象等环境问题的加剧，人类生存与经济的可持续发展遭遇前所未有的威胁与挑战，低碳经济已经成为全球广泛关注的重要议题。2003 年，"低碳经济"一词于英国能源白皮书《我们能源的未来：创建低碳经济》中被首次提出，低碳经济是以降低能源消耗、减少污染物与温室气体的排放量为目标，通过技术创新、制度改革、新能源开发与传统产业转型来提升低碳 GDP，实现经济与环境协调可持续发展的一种经济发展形态。低碳创新是发展低碳经济的根本途径，目前，国外学界对低碳创新的研究主要着眼于低碳技术、低碳创新的内涵与影响因素和低碳创新系统性研究三个方面。

一是低碳技术的相关研究。潘迦那和索科洛（Pacala and Socolow，2004）将低碳技术分为减碳技术、零碳化技术和去碳化技术三种。奥克维尔等（Ockwell et al.，2008）基于英国—印度合作研究的第一阶段分析了通过整体煤气化联合循环的混合煤气车和燃煤发电这两个低碳技术案例。克拉斯等（Klass et al.，2009）认为低碳技术能够驱动未来经济的发展，低碳技术的研发与扩散对经济的可持续增长存在重要意义。怀兹和贝格（Wytze and Begg，2009）从开展低碳技术研发、完善技术转让市场机制和提高清洁发展机制治理水平三方面提出了东道国发展清洁发展机制的改进策略。维莱加斯·帕拉西奥和科里亚（Villegas-Palacio and Coria，2010）分析了技术采纳与不完全采纳的交互作用对违规程度和减排技术采纳率的影响，并探讨了排污税与可交易排污许可对减排技术采纳率的影响。奥克维尔等（Ockwell et al.，2010）通过回顾知识产权和低碳技术转让的经验说明发达国家与发展中国家对于国际气候协议的争端源自对低碳技术在经济发展与技术扩散中作用的不完全理解。托万哲和梅多克罗夫特（Torvanger and Meadowcroft，2011）围绕低碳排放能源技术回顾了政府选择的政治经济，研究表明各种政治和经济因素对低碳技术发展有影响作用。普埃约（Pueyo，2013）提出健全的经济体制基础、完善的知识管理基础、稳定的市场需求有助于低碳技术转移。沃森等（Watson et al.，2015）分析了中国的低碳技术研发能力和政策制定对低碳技术研发能力的提升途径，研究发现发达国家将低碳技术转让给发展中国家的举措对低碳技术变革的发展进程具有重要意义。勒玛（Lema，2016）提出中低收入国家通常在清洁发展机制中进口太阳能光伏设备，中国、印度和泰国已经开始利用新的组织安排来进行低碳技术转移。沃博洛克和霍普（Warbroek and Hoppe，2017）提出地方低碳能源计划在低碳能源和能源创新效率治理和政策方面的参与度越来越高，平衡的授权管理模式能够突出政策创新的类型及适应机构。

二是低碳创新的内涵与影响因素。国外学者对低碳创新常常使用"technological breakthroughs"（Kazuyoshi，2015）或"technology revolution"（William，2013）或"environmental（technological）innovation"（Claudia，2017）等词来表述，可见国外学者通常认为低碳创新是一种突破式创新。霍弗特等（Hoffert et al.，2002）提出低碳技术创新是针对传统能源技术进行的突破性创新，低碳技术创新的研究主体是可再生资源技术。伯克霍特（Berkhout，2012）提出低碳创新能够解锁传统技术，在技术、经济与社会协同演化的过程中形成新型经济发展体系。波特（Porter，1995）

提出著名的"波特假说"，认为环境规制能够使企业生产成本上升并激励企业低碳技术创新。塞韦恩等（Saveyn et al.，2012）通过对中国、印度和日本低碳发展路径分析，指出推迟碳减排将导致对后期低碳技术的过度依赖并增加减排成本。奥克维尔和马利特（Ockwell and Mallett，2013）鉴于低碳技术创新的复杂性，通过建立低碳技术、创新能力与社会环境的研究体系对低碳技术转移进行研究。霍恩等（Hoen et al.，2014）在不同类型碳排放政策作用下，检验了低碳技术创新对碳减排的影响作用，分析了制造业的碳排放规则。赖等（Lai et al.，2017）通过系统动力学方法和问卷调查法分析了参与者之间的相互关系，确定了低碳技术创新的驱动因素及其在建筑行业的相互作用。吉塞蒂（Ghisetti，2017）通过非参数匹配技术分析了创新公共采购在推动可持续制造技术的采纳和扩散中的作用。江等（Jiang et al.，2018）在分析了低碳技术创新行为的影响因素基础上，结合知识吸收能力（KAC）构建了外部关系网络整合模型（ERN），研究发现外部关系网络与知识吸收能力能够促进低碳技术创新。孙和王（Sun and Wang，2020）构建了碳金融与激进低碳创新互动的网络模型，采用多智能体仿真模型对相关的影响机制进行了分析。研究结果表明，碳市场可以通过调节参与碳排放监管的企业数量和中介机构数量、建立市场监管水平、设定碳强度降低水平来促进激进的低碳创新。

三是低碳创新的系统性的研究。伦德瓦尔（Lundvall，1992）于1992年首次提出了"创新系统"的概念，乔纳森等（Jonathan et al.，2013）评估了欧盟汽车工业在低碳汽车研发上是否具有适当的创新结构，研究表明有效的创新体系能够更快地进入大规模技术扩散发展阶段。哈维尔等（Javier et al.，2015）认为环境管理系统与环境技术创新存在互补性且正向影响企业创新绩效，环境管理系统正向调节环境技术创新与企业绩效的关系。米雷马迪等（Miremadi et al.，2018）基于创新系统的创新价值链理论构建了能源创新系统的评价指标体系，根据指标之间的动态关系制定了能源创新系统的发展策略。

（2）创新网络的相关研究

弗里曼（Freeman，1991）首次提出了"创新网络"的概念，创新网络是通过企业、高校与研究院、政府和中介机构的合作创新关系形成的网络架构，为开展系统性创新而结成具有非正式关系特征的一种基本制度安排（Li et al.，2012）。国外现有研究主要从创新网络结构与节点间关系、创新网络动态演化两个视角展开。

创新网络结构与节点间关系的相关研究。格拉夫和亨宁（Graf and Henning，2009）高校与研究机构是所有区域创新网络的关键参与者，区域创新绩效的差异与网络结构特性的差异有关。科拉特克（Krätke，2010）认为知识网络的合作关系是区域创新系统的关键组成部分，实证发现，网络密度、网络中心性和区域外关联度对创新网络结构具有影响作用。李等（Li et al.，2012）认为伴随新一代企业家的出现，曾经基于亲属关系的学习网络被替代，引起企业内部和企业之间的行为互动发生重大变化。莎兹等（Shazi et al.，2014）分析了信任对企业创新阶段网络关系形成的影响，缺乏善意使得能力在很大程度上不再作为选择创新活动合作伙伴的标准，而高度的善意增加了能力影响合作伙伴选择的程度。布罗科尔等（Broekel et al.，2015）研究了欧盟组织计划中研发补贴的分配对创新网络节点的影响作用，研发补贴能够促进创新网络地位。日耶索沃尔等（Rijnsoever et al.，2015）探讨了网络位置和技术多样性对创新系统的影响作用，提出知识扩散和知识共享导致多样性降低的结论。李丹（Lidan，2017）将基于非冗余连接构建的结构洞理论引入产业技术创新网络的动态演化过程，提出非冗余连接是提高技术创新网络成员资源控制能力的关键因素。盖斯陴和麦克拉（Giuseppe and Michaela，2020）结合社会网络分析与计量经济学，实证结果表明，更具创新性地区在欧盟能源网络中占据中心位置，具有更高能源需求的地区在欧盟能源网络中扮演着边缘角色。王等（Wang et al.，2021）研究发现绿色建筑创新合作网络具有显著的无标度特征，随着时间推移核心组织的中介中心度比度中心度与接近中心度增长得快，咨询企业在创新协作过程中更倾向于充当桥梁。

创新网络演化的相关研究。弗朗西斯和梅尔基奥（Francis and Melchior，2001）考虑不同程度的复杂性将企业间合作联盟称为"多点联盟"，提出业务复杂性（范围）和组织复杂性（结构）影响合作的演变，复杂性越高，企业间合作就越可能偏离最初的目标。波维尔等（Powell et al.，2005）论证了不同的联盟规则对创新网络演化的影响，提出企业合作活动的多样化展开促进了更具有凝聚力多个独立路径特征的创新子网络。弗莱明和弗伦肯（Fleming and Frenken，2007）创新网络中核心主体的进入对创新网络的结构具有影响作用，创新网络结构向集中化趋势发展。鲍兰德（Balland，2012）将网络邻近性划分为认知、组织、制度与地理邻近性，利用全球导航卫星系统开发项目的数据实证研究了邻近性对创新网络演化的影响作用，研究发现除认知邻近性外均具有积极影响作用。李等（Lee et al.，2011）将演化博弈理论引入复杂网络中，探究了不同网络拓扑结构的网络环境对创新网络演化的影响。沃（Woo，2012）通过社会网络分析方法揭示了高技术企业创新网络的演化过程，研究发现网络连接机制是影响创新网络演化的重要因素。阿皮塞拉等（Apicella et al.，2012）通过经典的博弈"囚徒困境模型"和"雪堆模型"等对社会合作网络进行了研究，研究发现社会网络能够促进创新网络的合作行为。塞尔维塔特和格拉德尔（Salvetat and Géraudel，2012）分析了竞合背景下合作企业间机会主义行为的风险及给第三者带来的收益，通过扎根理论的溯因方法，将第三者的角色分为决策者和中间人两类。阿尔瓦雷斯·马丁内斯等（Alvarez-Martínez et al.，2014）基于复杂网络理论对创新网络的演化进行了仿真分析。阿巴迪和希法乌罗娃（Ebadi and Schiffauerova，2015）通过建立科研合作网络提出创新网络结构的演化具有较短的平均路径长度和较强凝聚力的小世界网络特征。梅勒曼等（Meuleman et al.，2017）建立了结构嵌入、法律制度、规范制度与关系嵌入之间的概念模型，研究发现结构嵌入、高质量法律框架和行业协会等机构对跨境合作具有促进作用，降低了跨境合作伙伴选择对关系嵌入的依赖。劳和梁（Law and Liang，2019）通过采用社会—技术系统框架研究发现环境因素通过对生态位的影响进而对创新轨迹的形成发挥关键作用，同时，网络领导、校内领导和组织基础设施对社会技术制度的建立起到促进作用。约瑟夫（Josef，2020）研究发现瑞典创新网络具有等级结构，提出的优先权分配过程对瑞典创新网络具有较强的预测作用，能够解释该创新网络的结构与演化。

（3）创新网络作用机理的相关研究

艾辛格利希等（Eisingerich et al.，2010）认为网络开放度和网络能力对集群创新绩效具有支撑作用，网络开放度和网络强度正向影响着集聚创新绩效，环境的动态性具有显著的调节作用。阿科提（Archetti，2011）提出道德风险是导致合作失败或合作效率降低的重要因素。佩雷拉·安格尔和文斯·佩雷拉（Pereira ángeles and Vence Pereira，2012）提出较大的企业规模有利于企业创新资源的分配和环境创新的实施，组织惯性对企业环境创新具有阻碍作用，环境规制压力能够促进高污染行业的环境创新。阿拜奥顿（Abiodun，2015）探讨了企业网络化战略与企业创新绩效的关系，研究表明，企业创新绩效与网络投资规模呈正相关关系，广泛接受外部知识的创新方法并非最优，开放式创新的效果取决于公司现有的创新水平。朱万卡（Jovanka，2015）分析了 FDI 与企业 R&D 支出之间的相互依赖关系，认为 FDI 能够有效提升创新绩效。伊阿尼斯（Yiannis，2015）探讨了政策资助对企业创新绩效的促进作用，实证发现，企业拥有的协同创新项目与创新绩效正相关。谢等（Xie et al.，2019）研究发现非研发创新对企业的新产品绩效有正面影响，同时高研发强度正强化企业非研发创新对新产品绩效的影响。法拉利斯等（Ferraris et al.，2020）研究结果表明子公司对外部知识来源的开放程度与创新绩效之间呈倒"U"型关系，子公司的内部嵌入性对上述关系有正向的调节作用。

（4）社会网络的相关研究

弗莱明等（Fleming et al.，2017）分析了合作创新网络的小世界特征及其对创新绩效的影响，结果表明合作创新网络的平均路径长度能够提升企业创新绩效。赤尔伶和菲尔普斯（Schilling and Phelps，2007）认为较高的网络集聚系数可以提升知识创新能力，进而促进企业创新绩效。陈和关（Chen and Guan，2010）认为网络的小世界结构与创新产出正向相关，企业间网络平均距离能够正向影响知识传递效率。芙娜尔等（Fornahl et al.，2011）研究发现高集聚系数的创新网络中，企业获取知识的机会更多，企业间的知识互补越高，越有利于企业创新绩效的提升。阿尔贝托等

（Alberto et al.，2019）利用纽曼系数对复杂网络的度分类进行了量化，描述了节点以相似度连接到其他节点的趋势，对无向和无权网络的分类指数进行了推广，分析了不相邻但通过路径、最短路径和随机连接的顶点之间的相关性。婆摩洛依等（Pomeroy et al.，2020）发现个体间联系存在一个快速扩张和收缩的初始周期，有助于解释网络中的最终互动和工作结构，在此基础上提出了一个描述网络出现和稳定的过程的概念模型，实证结果表明这些网络涌现动力学有助于解释网络细节以及在后期的行为结果。雷等（Lei et al.，2021）运用社会网络分析构建了企业—平台网络、企业网络、平台网络和行业网络，研究发现中国企业大数据采纳水平和范围普遍较低，行业间不平衡，企业对大数据平台的认知水平和采纳行为不一致，网络密度和基于平均距离的凝聚力较弱。

1.2.2 国内研究现状

（1）低碳创新的相关研究

低碳技术的相关研究。周五七和聂鸣（2011）将低碳技术归纳为能源替代技术、节能技术和碳隔离技术三类，就知识产权保护、节能减排、政府采购和低碳技术国际转让等政策对低碳技术创新的公共政策驱动机制进行了分析。周和张（Zhou and Zhang，2012）构建了中国与国外的风机制造企业合作研发绩效评价指标体系并进行了评价，合作研发能够提高中国企业的低碳技术能力、人力资源水平，但双方在低碳技术能力上的不平等以及利润而非低碳技术能力的偏好，对中国企业低碳创新能力的影响有限。刘等（Liu et al.，2016）基于中国 78 家水泥生产企业的数据分析了碳价格对低碳技术扩散的促进作用，研究表明企业关注节约核心能源、积极开展低碳技术创新和碳排放管理。巩永华（2016）探究了工业企业与低碳技术研发主体之间的不同合作方式对协同创新行为博弈的影响作用，研究发展产出的分配比例是能否合作的关键点，政府的税收优惠能够降低合作中发生冲突的概率。

低碳创新的内涵与影响因素。史和来（Shi and Lai，2013）认为绿色和低碳技术创新离不开政策监管体制，并成为当前可持续发展的新基础，同时社会能源系统有助于控制气候变化。毕克新等（2015）以低碳技术专利申请量作为测度低碳技术创新产出的指标，对我国低碳技术创新产出与创新合作模式进行了深入分析，研究发现我国低碳技术创新发展趋势良好，地区间差异显著。肖丁丁等（2017）建立了企业创新模式选择的演化博弈模型，研究发现碳税税率与碳交易价格的变动对低碳技术创新能力弱的企业影响较大，低碳技术创新能力弱的企业倾向于模仿创新，低碳技术创新能力强的企业则选择自主创新。徐建中等（2018）构建了低碳技术创新对企业绩效的影响关系模型，研究发现企业低碳技术创新意愿与企业绩效呈正相关，低碳技术创新能够促进装备制造企业绩效的提升。周志方等（2019）将低碳创新界定为企业生产过程中最小化投入能源和原材料，最小化废弃物排放量和环境消极的影响作用创新活动过程，低碳创新能够降低资源利用中产生的环境污染，是应对外部环境压力的有效手段。杨朝均等（2020）研究发现中国低碳创新水平迅速提升但地区差异显著，西部、东部、中部地区的内差异程度依次减小，同时利用收敛性理论分析了中国低碳创新的空间收敛性。

低碳创新的系统性研究。陆小成（2009）首次提出了低碳创新系统的概念，基于低碳技术预见性和低碳经济发展规律，建立了我国区域低碳创新系统。洪燕真（2011）从技术系统和管理系统的角度分析了低碳技术创新的结构并构建了低碳技术创新发展模型，提出低碳技术创新价值链的概念，在此基础上提出低碳经济发展的对策。陈文婕（2015）构建了低碳技术创新网络运作模式的模型框架，刻画了技术能力、创新收益、创新活动的持续条件等相关因素在创新活动中的影响与作用。樊步青（2016）总结出制造业低碳创新系统低碳技术创新、低碳创新系统结构和低碳资源运行三方面的诱因。宋德勇（2020）认为低碳城市通过发展循环经济、培育低碳产业、推广可持续交通和使用清洁能源等方法，提升经济发展和能源环境之间的耦合关系，加快推进低碳绿色转型。

（2）创新网络的相关研究

创新网络结构与节点间关系的相关研究。刘丹和闫长乐（2013）从网络特征与生态系统的研究视角对复杂网络环境下协同创新的系统构造与运行机理进行深入分析，发现政府主导的制度安排与自组织的协同机制是保障协同创新网络发展的重要因素。高霞和陈凯华（2015）利用复杂网络分析了我国 ICT 领域产学研合作创新网络，研究发现去网络规模趋于扩大，具有显著的小世界与无标度复杂网络特征。其格其等（2016）研究发现产学研合作网络结构对创新绩效具有影响作用，聚簇系数、可达性及其交互项对创新绩效有显著的正向影响。魏龙和党兴华（2017）从节点负荷、节点容量、子网络内部与子网络间的失效机制分析了组织—惯例耦合相依的技术创新网络。解学梅和王宏伟（2020）研究发现网络嵌入的结构嵌入维度、关系嵌入维度对企业非研发创新具有正向影响作用，同时，非研发创新在网络嵌入与创新绩效的关系之间发挥中介作用。郭建杰和谢富纪（2021）从社会网络视角出发构建了企业、大学和研究院所之间的协同创新网络，利用指数随机图模型，实证分析了内生网络构型和外生节点属性对协同创新网络形成的影响作用。

创新网络演化的相关研究。赵炎和姚芳（2014）研究表明网络规模、创新能力对企业结盟行为具有促进正向影响作用，拥有自主品牌的企业更加倾向于在创新网络内部建立结盟关系。阮平南等（2016）提出创新协同的四个影响因素包括从个体层、关系层、内部环境以及外部环境，研究发现政府主导是最关键影响因素。谈毅和徐研（2017）分析了创业投资机构的介入对中小高科技企业有效嵌入创新网络环境的影响作用，结果表明声誉对网络结构嵌入性具有正向促进作用。曹兴和马慧（2019）通过构建新兴技术创新网络的创新行为博弈模型探究了企业创新行为的影响因素，研究发现具有较强创新意愿和较低初始成本的核心企业能够在合作中投入较高的研发资本并获得较高创新收益，同时投入与收益差值与核心企业数量呈负相关。杨春白雪等（2020）分析了中国 LED 照明技术合作创新网络演化过程及其各阶段网络结构特征，研究发现合作创新网络的低密度与大规模是促进知识转移与扩散的重要条件，整体网络结构符合小世界性向无标度网络演化的特征。魏旭光等（2021）研究发现新兴技术创新超网络演化受到多维邻近与超度组合择优连接机制的共同作用，作用期间新兴技术创新超网络小世界特征逐渐减弱，无标度特征持续存在。

（3）创新网络作用机理的相关研究

曹霞和张路蓬（2015）认为网络合作关系数量、关系强度对创新绩效的积极推动作用，合作各方应按照"节点度最大"的原则选择新合作伙伴以提高网络创新绩效。曹霞和张路蓬（2016）研究发现在小规模创新网络中，不合理的利益分配将导致网络合作密度产生退化，机会利益能够导致小规模创新网络合作密度衰减。张志华等（2016）结合高校主导的协同创新中心利益分配的关键诉求，提出了以利益分配模式及其运行机制相融合的系统性协同创新体利益分配机制。毕可佳等（2017）分析了网络视角下以网络协同效应为中介的孵化器编配能力对创新绩效的影响作用，研究发现孵化器编配能力对网络协同具有促进作用，进而有利于网络创新绩效提升。龚晨和毕克新（2018）认为企业社会责任能够促进创新绩效的提升，企业的网络能力声誉具有更强的中介效应，因此，制造企业应加强合作提高自身创新能力。蔡猷花等（2020）通过构建同一创新网络内两个企业间的博弈模型，结果表明，同质企业的竞争性研发投入对网络范围的技术溢出、网络平均吸收能力以及网络中心度均存在正向促进作用。王崇锋等（2020）研究发现组织合作网络、知识融合网络结构洞特征对创新绩效存在显著正向作用，考虑交互作用后组织合作网络、成员合作网络以及知识融合网络结构洞特征的交互项均对组织创新绩效存在显著正向作用。

（4）社会网络的相关研究

陈子凤和官建成（2009）在研发合作网络的研究中运用聚簇系数比、平均路径长度和小世界商数来表示其小世界性，结果表明显著的小世界性对创新产出有促进作用。任胜钢等（2011）探究了网络结构与区域创新能力的作用关系，结果表明区域创新网络规模、结构洞与网络关系对区域创新能力具有显著的正向促进作用。郑向杰（2014）研究发现企业间合作网络的小世界性能够加快信息流通速度，进而提升企业的创新能力，平均路径长度与创新产出之间负相关，集聚系数与创新产出之间呈倒"U"型关系。曹洁琼等（2015）认为较少的合作经验将导致企业间合作行为产生较高的不确定性，基于我国 ICT 产业产学研合作网络，确定平均路径长度和集聚系数作为反映网络小世界性的研究指标，结果表明平均路径长度与企业创新绩效间呈显著负相关，网络集聚系数对企业创新绩效呈"U"型相关关系。李健和余悦（2018）利用我国汽车产业366 家企业的面板数据分析企业外部合作研发网络结构洞与企业探索式创新绩效之间的关系，结果表明结构洞能够促进企业探索式创新活动的开展。郭建杰和谢富纪（2020）研究发现产业合作网络结构洞对创新绩效具有显著正向影响，而产学研合作网络结构洞与创新绩效之间表现出倒"U"型相关关系。

1.2.3　国内外研究现状评述

国内外学者在低碳创新、创新网络、创新网络作用机理以及社会网络的研究中取得了具有启发和借鉴意义的研究成果，为基于社会网络理论的低碳创新网络机理与创新效率评价研究奠定了扎实的理论基础。通过文献梳理与总结发现，低碳背景下创新研究已经成为热点，但基于社会网络理论的低碳创新网络的标准化研究框架尚未建立，对低碳创新网络作用机理的研究仍需要进一步深入挖掘，对低碳创新网络演化的模型仿真国内外现有研究中鲜有涉及，对低碳创新网络创新效率评价中忽视了非期望产出与环境因素的影响作用。综上所述，低碳创新网络的研究处于探索阶段，基于社会网络理论的低碳创新网络机理与创新效率评价有待深入探索。现有研究内容与研究方法仍存在以下不足之处。

（1）缺乏对基于社会网络理论的低碳创新网络的深入研究

国内外学者对创新网络理论研究已经较为成熟，然而结合低碳情境的研究寥寥无几，少量针对低碳视角的创新网络研究也是将研究目标设定为特定类型的产业，低碳创新网络的内涵、特征、创新主体、形成动因与机制尚不清晰，鲜有针对低碳创新网络的网络形成、作用机理、演化机理和创新效率评价的系统性研究。专门聚焦低碳创新网络化发展的研究也是少见，低碳创新网络是一个高度情景化的概念，亟须强化其针对性与实践性。

（2）缺乏对基于社会网络理论的低碳创新网络作用机理的全面剖析

现阶段关于低碳创新网络作用机理的理论框架较为模糊，现有研究较为零散且多为特定视角的分析，有可能掩饰了低碳创新网络的深层次诱导原因进而可能出现片面甚至误导性的研究推断，现有研究尚未形成清晰的理论分析框架，深入探讨社会网络因素（网络结构、网络关系和主体特征）以及知识属性对低碳创新网络的作用机理。作为新兴的开放式创新体系，低碳创新网络作用机理是网络结构、网络关系、主体特征以及知识属性多重刺激下反应能力的系统性结合，是多因素交互作用的结果，因此单一层面的研究有偏颇。

（3）缺乏对基于社会网络理论的低碳创新网络演化机理的系统揭示

现有基于主体合作策略的创新网络演化研究大多采用传统演化博弈方法进行分析，在研究过程中某些重要因素对演化结果的影响作用可能被忽视，鲜有采用社会网络演化博弈方法利用计算机数值分析对网络演化过程进行分析。缺少从社会网络理论出发将社会网络各因素纳入收益函数中的研究，网络演化规则多采用模仿收益最大的邻居策略、基于Moran 过程的自然选择规则、配对比较等学习机制，忽视了经验在策略更新中的重要作用。

（4）缺乏对基于社会网络理论的低碳创新网络创新效率的科学评价

指标体系上，尽管国内外对低碳创新效率、低碳创新能力评价方面展开了一定的研究，但是对低碳创新网络创新效率的评价较少，现有指标体系忽视了非期望产出对低碳创新网络创新效率的重要影响作用，不符合低碳创新网络创新效率的生产模式。评价方法上，多采用数据包络分析及其各类拓展模型，例如传统 BBC 和 CCR 模型、SBM 模型、Super-SBM 模型等，忽视了环境因素和随机干扰对现实创新效率的影响作用，本书选用的三阶段 DEA 模型具有更为显著的优势。

综上所述，本书认为低碳创新网络的研究仍处于探索阶段，亟须结合低碳创新网络特点进行拓展性研究，从低碳创新网络的网络形成、作用机理、演化机理和创新效率评价到提出发展对策，通过理论研究与实证研究对低碳创新网络进行深入的系统性研究，探索低碳创新网络发展的有效途径与保障对策。

1.3 总体思路、研究内容和研究方法

1.3.1 总体思路

本书遵循提出问题、分析问题、解决问题的逻辑顺序，在系统梳理国内外关于低碳创新网络研究的基础上，按照"网络形成→作用机理→演化机理→创新效率→发展对策"的研究脉络研究了基于社会网络理论的低碳创新网络机理与创新效率评价。第一，通过低碳创新网络的内涵、特征、理论基础，提出了基于社会网络理论的低碳创新网络机理与创新效率评价的研究框架；第二，在提出问题的基础上进行问题的系统性研究，结合低碳创新网络形成动因和机制，运用社会网络分析方法对基于新能源产业低碳创新网络的要素进行分析；第三，通过构建网络结构、网络关系、主体特征以及知识共生与低碳创新网络之间关系的概念模型，基于社会网络理论探究了低碳创新网络的作用机理；第四，依据社会网络理论，结合社会网络演化博弈与数值仿真技术从主体博弈视角探究了低碳创新网络演化机理；第五，运用 J-SBM 三阶段 DEA 综合评价模型对低碳创新网络创新效率进行实证评价，并探究了环境因素对低碳创新网络创新效率的影响作用；第六，从网络结构和创新主体、网络关系以及外部环境提出了低碳创新网络的发展对策，本书技术路线如图 1.1 所示。

1.3.2 研究内容

基于社会网络理论的低碳创新网络机理与创新效率评价研究包括以下三个部分，本书遵循"提出问题—分析问题—解决问题"的思路进行逐步深入研究，本书技术路线如图 1.1 所示。

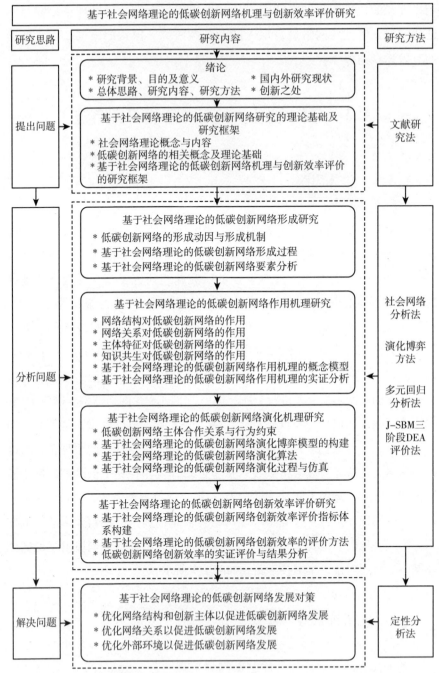

图1.1 本书技术路线

资料来源：笔者根据本书研究思路绘制。

（1）第1章、第2章"提出问题"

第一部分是本书开展的理论基础，主要包括绪论和基于社会网络理论的低碳创新网络机理与创新效率评价的基础理论及研究框架。系统梳理了国内外关于低碳创新网络机理与创新效率评价的相关研究，明晰了低碳创新网络内涵、特征、创新主体以及理论基础，设计了基于社会网络理论的低碳创新网络机理与创新效率评价研究框架。

（2）第3章、第4章、第5章、第6章"分析问题"

第二部分是针对基于社会网络理论的低碳创新网络机理与创新效率评价展开系统性研究，包括网络形成、作用机理、演化机理和创新效率评价四个部分。第3章结合低碳创新网络形成动因与机制，利用社会网络分析方法对基于新能源汽车行业的低碳创新网络形成过程进行分析，利用 UCINET 社会网络分析对低碳创新网络的网络结构、网络关系和主体特征以及网络特征进行测度，为本书低碳创新网络作用机理、演化机理和创新效率评价的研究奠定基础。第4章通过构建网络结构、网络关系、主体特征以及知识共生和低碳创新网络之间关系的概念模型，运用多元回归方法进行了进一步验证，深入探究了网络结构、网络关系、主体特征以及知识共生对低碳创新网络作用机理以及因素之间的相互作用关系。

第5章通过对低碳创新网络创新主体合作关系与行为约束进行描述，从主体博弈视角构建低碳创新网络演化博弈模型，以无标度社会网络为载体，建立了低碳创新网络演化规则，通过数值仿真研究，系统研究了基于社会网络理论的低碳创新网络动态演化过程。第6章从投入产出视角构建了低碳创新网络创新效率评价指标体系和评价模型，利用 J-SBM 三阶段 DEA 评价模型对低碳创新网络创新效率进行实证评价，同时探究了环境因素对低碳创新网络创新效率的影响作用。

（3）第7章"解决问题"

第三部分是在"提出问题"和"分析问题"的基础上，提出基于社会网络理论的低碳创新网络发展对策。针对低碳创新网络发展的薄弱环节，从网络结构和创新主体、网络关系以及外部环境提出低碳创新网络发展对策。

1.3.3　研究方法

（1）　文献研究法

通过广泛搜集和查阅国内外与低碳创新、创新网络、创新网络作用机理以及社会网络相关的研究文献资料，分析归纳重要的研究结论，提炼研究思想与方向，整理出现有研究的共识和区别，为本书界定和分析低碳创新网络的内涵、特征、网络形成、作用机理、演化机理以及创新效率评价提供理论支持与研究基础。

（2）　社会网络分析法

社会网络理论认为网络行动者行为是嵌入一定的社会网络中的，社会网络分析法研究的是网络整体结构特征、行动者的行为以及行动者间的关系特征。本书通过德温特数据库专利信息检索获取新能源汽车行业专利合作申请数据，对数据进行进一步整理形成 $0-1$ 矩阵，再运用社会网络分析方法将此 $0-1$ 矩阵转换为低碳创新网络图，便得到新能源汽车行业合作申请专利所嵌入社会网络的可视图，在此基础上对网络结构、网络关系、主体特征以及网络特征展开进一步分析。

（3）　多元回归分析方法

在社会网络理论基础上，构建网络结构、网络关系、主体特征以及知识共生对低碳创新网络作用机理的概念模型，通过借鉴与低碳创新网络作用机理研究命题相关的量表与文献，制作并发放调查问卷从而获得调研数据，在信度效度检验的基础上，采用多元回归方法实证分析了网络结构、网络关系、主体特征以及知识共生对低碳创新网络作用机理以及因素之间的相互作用关系。

（4）演化博弈方法

基于有限理性假设的演化博弈对低碳创新网络演化机理展开研究。构建低碳创新网络演化博弈模型来描述主体之间的决策互动机制，运用考虑经验、重视学习的 EWA 学习模型建立网络演化规则，以无标度社会网络为研究载体，运用 MATLAB 软件实现对低碳创新网络演化的仿真，并通过数值仿真模拟不同参数设定下网络演化的趋势与稳态，直观地呈现出低碳创新网络的演化过程。

（5）J-SBM 三阶段 DEA 综合评价法

为符合低碳创新网络创新效率的实际生产情况，将非期望产出纳入 J-SBM 模型中并与三阶段 DEA 评价模型结合，构建了 J-SBM 三阶段 DEA 评价模型，对低碳创新网络创新效率评价指标体系进行实证评价。第一阶段利用包含非期望产出的 J-SBM 模型测算低碳创新网络创新效率；第二阶段通过 SFA 模型的投入产出调整，过滤外部环境与随机误差对低碳创新网络创新效率的影响作用；第三阶段将调整后的数据再次代入包含非期望产出的 J-SBM 模型得到的结果仅反映我国制造业低碳创新网络创新效率水平。

1.4 创新之处

第一，明晰了基于社会网络理论的低碳创新网络形成。以社会网络理论为基础，将低碳创新网络的创新主体和网络关系抽象为由节点和联结组成的社会网络，通过德温特数据库专利信息检索获取新能源汽车行业专利合作申请数据，对数据进行进一步整理形成 0 - 1 矩阵，利用 UCINET 6.0 软件绘制了基于新能源汽车行业的低碳创新网络图，运用社会网络分析方法对新能源汽车行业低碳创新网络的网络结构、网络关系和主体特征以及网络特征进行分析，与传统研究相比较，更能反映出低碳创新网络的真实情况，突破了以往单纯考虑合作创新二元情境的局限性。

第二，揭示了基于社会网络理论的低碳创新网络作用机理。区别于现有创新网络作用机理的研究，本书结合社会网络理论对低碳创新网络作用机理深层次辨析，拓展了低碳创新网络作用机理的理论框架，为传统创新网络作用机理的研究范式赋予新思路；综合考察了网络结构、网络关系、主体特征以及知识共生对低碳创新网络的作用机理，打破了以往着重强调网络特征、主体参与独立研究的局限，拓宽了低碳创新网络作用机理研究的广度，创新性地考察了知识共生在主体特征与低碳创新网络之间的调节作用，以及知识共生对于网络关系和低碳创新网络之间的中介作用。

第三，揭示了基于社会网络理论的低碳创新网络演化机理。首先，通过构建低碳创新网络主体合作决策博弈模型来描述主体之间的决策互动机制，基于社会网络理论，将网络结构、网络关系、主体特征以及知识共生纳入低碳创新网络收益函数中，打破了以往基于完全理性假设博弈理论静态研究局限。其次，基于考虑经验重视学习的 EWA 学习模型建立低碳创新网络演化规则，以无标度社会网络为研究载体，采用数值仿真方法分析低碳创新网络的演化机理。从主体博弈的视角研究社会网络因素对低碳创新网络演化深度和速度的影响，并呈现出演化的稳定条件与稳定趋势。

第四，构建了基于社会网络理论的低碳创新网络创新效率评价指标体系与评价模型。从低碳创新网络的投入层面、产出层面和环境层面构建了低碳创新网络创新效率评价指标体系，解决了不考虑非期望产出导致的结果偏差，能够更系统、科学、全面地反映低碳创新网络创新效率水平；提出了 J-SBM 三阶段 DEA 综合评价法构建了低碳创新网络创新效率评价模型，克服了不能将所有决策单元进行排序的问题，过滤外部环境与随机误差对低碳创新网络创新效率的影响作用，得出仅反映管理水平的低碳创新网络创新效率，为低碳创新网络创新效率评价提供了新的研究方法和思路。

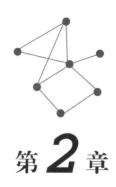

第**2**章

基于社会网络理论的低碳创新网络研究的理论基础及研究框架

首先，本章以低碳创新网络作为研究对象，以社会网络理论为切入点，在明晰低碳创新网络相关概念的基础上，界定低碳创新网络的内涵与特征以及低碳创新网络创新效率的内涵。其次，以此为基础，系统梳理了基于社会网络理论的低碳创新网络机理与创新效率评价研究的基础理论。最后，以社会网络理论为奠基，从解决实际问题的角度出发构建了基于社会网络理论的低碳创新网络机理与创新效率评价的研究框架。

2.1　社会网络理论概述

2.1.1　社会网络理论的发展过程

莫雷诺和泰斯特（Moreno and Test，1933）提出了"社群图"标志着现代社会网络理论与分析方法的起源，首次采用节点代表社会网络行动者，节点之间的联结线代表社会网络行动者之间的关系，通过社群图展现社会网络行动者的网络角色与网络位置。社会网络是指"由个体间相互联系的社会关系组成的相对稳定的系统"，在最初的社会网络概念中将网络代指行动者间的社会关系。在此之后，社会网络中的行动者从个人发展到组织、企业等集合单位范围，社会网络理论开始广泛运用于企业研究。社会网络分析通过构建行为主体及其关系的集合来描述组合机制与关系结构，主要用于行为主体及其之间关系的描述性研究，社会网络理论的发展过程与关键节点如图 2.1 所示。

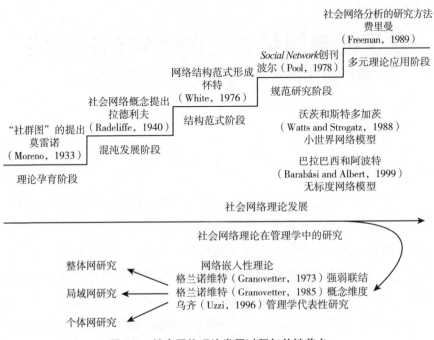

图 2.1　社会网络理论发展过程与关键节点

资料来源：笔者整理绘制。

社会网络是复杂网络中的一个重要分支。复杂科学的研究重点是利用"系统"和"整体"来处理复杂的科学问题，为科学研究开创了新的研究视角。通过复杂系统的理论研究，复杂网络及其技术理论方法应运而生，并在自然系统和社会经济系统的研究中得到广泛应用。作为复杂系统研究的可视化关系网络框架，复杂网络由节点及节点间的连线构成，连线上附加方向或权重以显示网络关系的信息特征。复杂网络剔除了系统内部的冗余信息，在系统内部保持相互联系，强调复杂系统结构的复杂和拓扑特征。复杂网络能够对现实世界里大规模的、抽象的、复杂的、高拓扑性的系统进行有效描述，拓扑特征是对复杂系统的性质和功能进行研究的基础。复杂网络的线性研究参数包括：度数中心性、特征向量中心性、中介中心性、网络集聚系数等。复杂网络包括多种网络模型，根据网络节点分布情况可以将复杂网络划分为指数网络和无标度网络，根据网络形成方式不同可以将复杂网络划分为确定网络和随机网络，根据网络联结是否具有方向性可以将复杂网络划分为有向网络和无向网络。其中，基于完全随机网络与完全规则网络，沃茨等（Watts et al., 1988）提出介于二者之间的 WS 模型，小世界网络具有较短路径长度的随机网络特征和聚类的规则网络特征。基于网络的增长和优先连接机制，巴拉巴西（Barabási, 1999）提出了具有幂律特征的 BA 模型，无标度网络中少数节点拥有大量的邻居节点，而大多数节点只有少数的邻居节点，更贴近现实复杂网络特征。

目前，复杂网络的相关研究中最具代表性的真实网络为社会网络、信息网络、生物网络以及技术网络。其中，社会网络与现实生活联系最紧密应用最为广泛。社会网络是由多个个体或组织构成的，通过某种原因在这些个体或组织中产生作用关系，个体或组织的社会联系会受到自身属性和社会地位的影响。社会网络是网络行动者和行动者间关系构成的集合，网络行动者为社会网络的节点，行动者间关系为社会网络的边，社会网络则为表征该复杂系统的图。社会网络具有复杂网络的基本特征和自身特征，主要包括以下四点：第一，网络结构具有复杂性，社会行为抽象成为的社会网络，大大简化了网络的复杂因素，对于网络节点间的关系联结没有具体区分；第二，网络的演化性，社会网络内部的节点数和节点之间的关系会随着时间推移而变化，节点和节点间联系具有多样性；第三，度—度正相关性，社会网络的度—度相关性通常为正，而生物网络和技术网络的度—度相关性通常为负；第四，复杂动力学过程，节点通常是非线性的，常常产生混沌非线性动力学行为。

2.1.2 社会网络理论的主要内容

(1) 网络嵌入性理论

格兰诺维特（Granovetter, 1973）提出了联结强度的概念，将网络节点间的关系分为强联结和弱联结。网络联结强度对知识传递效率有一定的影响作用，强联结可能获得相对较多的冗余知识，同时强联结模式下的行动者能够更加信任合作伙伴，通过稳定的合作关系形成高质量或者隐性的知识流通，随着强联结间锁定程度的不断增加，将不利于网络新知识的内部扩散与外部输出，合作范围局限在拥有相似知识的行动者之间。弱联结常常起到信息桥作用，使信息在不同群体之间流通，从而获得大量的知识，但弱联结不关注知识质量，同时弱联结的创新主体间存在的异质性，有助于创新成果的实现。格兰诺维特（Granovetter，1985）更为清晰地阐述了网络嵌入性的概念和维度，认为个体的经济行为将受到社会网络的约束，社会网络结构的嵌入性制约着个体的经济行为，并从关系和结构两大要素入手将网络嵌入性划分为网络关系嵌入性和网络结构嵌入性。低碳创新网络是由多个创新主体构成的自中心网络，创新主体间直接产生联系，通过强联结建立稳定的合作关系，创新主体间的合作关系相互交织而成网络，再通过正式或者非正式的合作关系形成直接或者间接的网络关系。创新主体在低碳创新网络中的结构嵌入与关系嵌入一定程度上制约其经济行为，因此，网络嵌入性影响着创新主体的合作收益。

（2）社会资本理论

社会资本是指个体或者组织作为社会主体所拥有的社会关系价值之和，即社会主体在网络中所处位置能够带来的价值。社会主体在网络内部拥有的网络关系越多，说明其拥有越多的社会资本和越强的获取网络资源的能力。社会资本理论的三个基本假设分别为社会资源效应假设、社会网络关系力量假设以及社会地位高低假设。社会资源效应假设的核心思想为主体能够通过它的社会关系间接获得社会资源；社会网络关系力量假设的核心思想为网络异质性越高越通过弱关系获得社会资源的可能性越大；社会地位高低假设的核心思想为主体社会地位越高获取社会资源的可能性越大。社会资本产生的根本原因在于创新主体与网络外的主体产生联系时会出现"知识溢出"，充分解释了创新主体加入创新网络的原因。低碳创新网络可以视为知识的传播渠道，知识能够到达彼此联系的不同创新网络的创新主体中，低碳创新网络的网络规模、密度、中心性、关系强度、关系质量等都可以影响创新主体的知识获取能力，因此，低碳创新网络的合作收益会受到网络结构与网络关系的影响。

(3) 结构洞理论

结构洞理论是指网络主体之间因为缺乏合作交流而形成的网络间隙，描述出两个创新主体间的非冗余网络关系，网络主体占据结构洞位置就可以通过调节非冗余联系人的网络关系获得相应的资本收益。博尔特（Burt，1992）在《结构洞：竞争的社会结构》中提出网络位置比关系强度更为重要，结构洞令稀松开放的网络比密集封闭网络更具灵活性，占据结构洞位置的网络主体能够根据外部环境的动态变化迅速更新网络资源，网络结构中关系稠密位置的结构洞能够为网络主体带来竞争优势。占据结构洞有利于网络主体绩效的提升：第一，网络主体拥有较多的结构洞就意味着拥有了知识优势，将成为网络信息汇聚地并起到"桥"的作用，为网络活动提供支持；第二，网络主体占据结构洞就能够获得更多的非冗余的新知识，有助于网络主体创新成果的扩散和知识流动，使创新成果越显著，这种信息优势为网络主体在动态的、不确定的市场环境下提供机会；第三，网络结构洞可以为网络主体带来相应的网络权力，使其在网络中扮演"中介人"角色的过程中得到更大的网络权力，拥有更加广阔的创新合作空间。

2.2 低碳创新网络的相关概念及理论

2.2.1 低碳创新的概念界定

熊彼得于 1912 年在《经济发展概论》中界定了"创新"的概念，创新是突破旧模式和方法，将新的生产要素、生产条件或者生产环境融入现有体系中，突破性是创新的标志性特征。创新具体包括使用新方法、开拓新市场、引进新材料、研发新产品等。创新为科学进步与经济发展带来了巨大变革及其所蕴藏的潜力，使得创新受到各界学者的广泛关注，创新理论和创新实践得到快速的完善与发展。低碳经济时代赋予了创新全新的含义，随着全球平均气温的升高、雾霾现象的凸显和低碳化发展理念的贯彻，单纯着眼于提高经济效益和生产效率的创新理论与实践已经无法满足经济、社会和环境协调统一发展的需要。此时，以低碳、绿色、环保、可持续为发展方向的低碳创新理念随之产生。低碳创新区别于传统创新，作为实现节能减排目标的重要路径之一，低碳创新活动能够有效应对气候变化和环境污染问题，与此同时，低碳创新对整个社会的知识体系和技术系统都提出的新要求，现有研究中通常被称为低碳创新、绿色创新、环境创新以及气候变换创新等。低碳创新的内容包括创新主体对低碳技术的研发应用、社会技术体系的低碳化转型，采用的方法主要为碳税和碳排放交易机制以及由此产生的经济体制和市场规律。由此可见，应从宏观角度对低碳创新进行解释。低碳环境下的企业创新实质是为了节能减排和降低环境危害而对产品（服务）进行的工艺或者技术上的改良。低碳创新的主要研究对象是可再生能源技术的突破式创新，学者大多从系统性视角对低碳创新进行界定，低碳创新主要包括优化生产技术、管理流程以及产品周期，是各个创新层面和创新内容的有机整合，是以绿色循环、节能减排为创新理念和目标的创新模式分支（吕希琛，2015）。陆小成和刘立（2015）指出低碳创新是与低碳技术创新全过程相关的创新主体以及由低碳创新制度、机制等实现路径综合组成的网络体系。也有学者提出低碳创新系统是由全部低碳创新主体形成的创新网络，目标是促进低碳技术进步。李先江（2012）认为低碳创新是将低碳创新与设计运用于产品技术、产品设计理念以及商业运作模式中，通过低碳价值网为顾客、供应商等传递低碳理念，低碳创新可以划分为低碳价值网创新和低碳价值主张创新。

综上所述，本书将低碳创新界定为：基于低能耗、低污染的绿色经济，采用技术、制度和政策等方法，以提高能效、节能减排、保护生态环境以及获得低碳收益为目标的一种创新模式。

2.2.2 低碳创新网络概念与特征

(1) 低碳创新网络的概念

弗里曼（Freeman，1991）提出了创新网络概念，有别于一般的合作网络，创新网络是以创新主体间的合作创新关系作为网络架构的主要连接机制，用以服务于创新主体进行系统性创新的基本制度安排。在弗里曼有关创新网络研究的基础上，学研机构作为创新知识的源头能够推进企业的技术创新，政府作为宏观政策的制定者可以维护创新网络的稳定运行，金融机构与中介机构作为资金、技术和服务的提供者为创新网络的持续发展注入了更多的创新资源，企业、学研机构、政府、金融和中介机构共同组成创新网络的创新主体（Criscnolo and Menon，2015）。创新网络作为技术创新发展的阶段性产物，是一种重要的产业组织形式，创新网络能够为参与其中的创新主体提供多元化的创新资源和交流互动平台，降低交易成本，提升创新绩效。

盖文启和王缉慈（1999）首次对创新网络的概念进行了界定，创新网络是指企业、学研机构、政府等作为创新行为主体在长期合作交流关系基础上形成相对稳定创新系统。王大洲（2001）认为创新网络是企业间以技术创新活动为中心展开的正式、非正式合作关系的总和，张宝健等（2011）则提出创新网络是一种相对长期的、有共同目的产生的自组织创新活动关系网络。基于上述研究，鲁若愚等（2021）将创新网络界定为一定区域内的企业与学研机构、政府、中介金融机构等以交互模式建立的正式或非正式、相对稳定、能够激发创新、具有本地根植性关系总和。不同于以上研究，有学者认为，创新网络是指企业、大学和科研单位之间自发地形成一种正式的、规范的合作网络（孙天阳和成丽红，2019）。张路蓬（2016）则认为创新网络是异质性组织由于共同的创新目标而形成的网络组织形式。根据现有创新网络的概念，创新网络含义的关键点包括：第一，创新网络是基于优势创新资源互补，由企业、高校、研究机构、政府组织、各类中介服务机构等多个异质性创新主体形成的横向关系、纵向关系或者政产学研中关系；第二，创新网络中的网络关系是在利益关系基础上产生的正式或者非正式关系，具体包括技术关系、商业关系、社会关系等多种交流与交换关系；第三，创新网络的主要作用是为网络成员提供合作交流的平台，创新主体可以利用创新网络平台进行知识共享和技术扩散。综上所述，本书将创新网络界定：为应对创新系统的不确定性、创新资源稀缺性和创新能力有限性等问题，在共同目标驱使下由拥有互补性创新资源的、不同层次的创新主体通过正式或者非正式的网络关系联结而成的网络组织形式。

目前关于低碳创新网络的研究较少，尚未形成低碳创新网络的统一概念。鉴于低碳创新的复杂性与高风险性特征，陈文婕和曾德明（2019）认为企业作为低碳技术的研发、推广以及成果转化组织，与客户、供应商、竞争者、学研机构等低碳创新主体合作形成低碳技术创新网络是必要的。刘冰（2019）认为低碳创新网络是将企业低碳绿色效益和经济效益与创新网络结合，是与低碳效益和低碳制度相关的企业、政府、学研机构、中介机构等共同组成的网络。葛静（2014）认为低碳技术创新网络是在高技术风险、高市场风险、高政策风险情况下，企业有必要通过合作关系进入低碳创新网络。

基于以上研究，综合低碳创新和创新网络的概念，本书将低碳创新网络界定为：由企业、学研机构、政府、金融机构和中介机构等创新主体在低碳经济环境下结成的一种创新体系，多种创新主体通过创新网络进行技术、知识、信息、能量和物资等资源的渗透和传递，从而实现经济效益、社会效益和环境效益的统一。

（2）低碳创新网络的特征

低碳创新对于创新主体意味着一场创新革命，低碳创新要求创新主体在追求利润过程中考虑经济、社会以及环境效益的协同发展，低碳创新网络具有系统性与动态性、预见性与风险性、开放性与扩张性、互补性与共生性的特征。

第一，低碳创新网络具有系统性与动态性。低碳创新网络作为创新系统，系统内部要素之间的关系是动态变化的。首先，企业、学研机构、政府、金融机构和中介机构作为低碳创新网络的创新主体，将根据合作关系的变化有选择性地进入或退出低碳创新网络，单个节点合作策略的调整将影响低碳创新网络结构的变化。其次，异质性创新主体拥有的不同创新资源，低碳创新网络中不同创新主体根据创新资源互补进行合作创新，促进异质性创新资源的流动，从而体现出低碳创新网络的动态性特征。最后，低碳创新网络的创新主体可以与网络外部的社会主体进行合作推动低碳创新，还可以与其相关的环境节点进行合作，不断地通过知识转移、技术扩散行为为低碳创新网络聚集新的知识，实现了低碳创新网络的动态性。

第二，低碳创新网络具有预见性与风险性。为了应对国内外低碳环保产品壁垒与环境规制压力，传统创新模式难以适应复杂多变的国际市场竞争环境，创新主体应采取预见性创新方式进行低碳创新投入和决策，根据预测的低碳市场发展趋势确立低碳创新方向，突破传统追求短期收益最大化的创新方式，使创新主体在国际市场竞争中获得可持续性优势地位。低碳创新所面对的市场风险、技术风险与收益风险更为复杂多变，需要在技术研发过程中投入大量的人力、财力、物力，所涉及的合作伙伴群体更加庞大广泛，创新主体在低碳创新过程中的任一因素既影响自身的创新绩效，还影响整个低碳创新网络甚至整个社会的低碳化发展进程，低碳创新网络的系统性与动态性使低碳创新网络面临更高的风险。

第三，低碳创新网络具有开放性与扩张性。低碳创新网络是开放性的复杂系统，具有高度的活跃性，网络内部蕴含大量流动的低碳创新资源，创新主体为了获取更多异质性的非冗余创新资源、降低创新成本而进行低碳创新合作，具有开放性的低碳创新网络即非封闭性的创新系统，创新主体通过与外部环境的知识、资本等创新资源的互通和整合，使低碳创新网络适应不断变化的外部环境。随着低碳创新网络创新主体数量的增多，网络内部的合作关系多元化发展，创新主体之间的知识流、资金流与技术流的转化和耗散更为复杂。低碳创新网络的开放性特征带来了创新主体和创新资源的扩张性。低碳创新网络外部成员通过开放性的竞争市场，分析网络内部创新主体的创新活动与合作收益，不断地调整策略以加入低碳创新网络，低碳创新网络创新主体的数量随之增长。作为市场导向的企业通过与作为知识源的学研机构的不断深入合作，扩展了低碳创新网络的知识体系，增加了低碳创新网络中的创新资源。低碳创新网络的开放性与扩展性使得创新主体之间紧密合作，实现共赢。

第四，低碳创新网络具有互补性与共生性。低碳创新网络创新主体进行低碳创新所需的基本创新资源包括人力资源、知识资源、资金资源、设备资源、信息资源等，每种创新资源都不可或缺，通常异质性创新主体所拥有的创新资源不同，企业拥有较多的资金资源、设备资源，学研机构拥有较多的知识资源与人力资源，金融机构、政府拥有较多的资金资源，中介机构拥有较多的信息资源，为有效利用以上互补创新资源，低碳创新网络是实现协同效应的根本途径。共生性是指多种生物之间形成的共同生存、进化的相互依存关系。低碳创新合作过程中，根据创新资源的互补性与兼容性，低碳技术研发和低碳产品产业化等共生活动中必然建立了创新主体之间的相互依存关系。创新主体相互利用有效的创新资源，形成共同抵御外部环境变化、创新资源互补、创新目标一致的共同体。

2.2.3 低碳创新网络的参与主体

低碳创新活动涉及到企业、学研机构、政府、金融机构、中介机构等多个利益相关的创新主体。

(1) 企业

企业是低碳创新网络中最直接的投入主体，作为主要的低碳技术、工艺、服务创新源，在低碳创新网络中占据核心地位。企业之间存在广泛的合作关系，长期稳定的合作关系促进了创新资源在企业间的流动，为企业的低碳技术创新活动增添新的知识源。企业引领了低碳创新网络的低碳创新方向，根据市场动态需求与学研机构进行低碳合作创新以获得新知识、新技术，在政产学研合作创新中发挥积极的导向作用。企业是低碳创新成果应用的主要受益主体，将市场高碳障碍转化为开展低碳创新的契机，实现低碳创新成果的产业化、商业化以及经济效益、社会效益和环境效益的统一。

（2）学研机构

学研机构是低碳创新网络中新知识、新技术、新思想的直接创造主体，学研机构在低碳创新网络中处于知识支撑性位置，促进了低碳创新网络创新能力的提升。低碳创新的本质在于发挥人的主观能动性和丰富的想象力、创造力，设计或者创造出既能够解决实际问题又能满足低碳发展目标的新思路、新产品。学研机构主要参与低碳创新成果的可行性研究阶段，对低碳创新网络起到至关重要的推进作用。作为低碳知识与技术的输出主体，学研机构凭借专家团队、科研设备以及信息资源优势，是低碳创新知识型人才的供给源，作为低碳知识孵化平台，大学城与低碳产业科技园促进了科研机构的集聚，加强了低碳创新网络中创新主体的互动与交流，实现了低碳知识与技术的有效整合与扩散，孵化了低碳技术高新企业，提高了低碳创新成果的转化率。

（3）政府

政府是低碳创新网络中发挥制度监管与政策支持的重要政策创新主体，不仅直接参与到低碳创新活动中，还对低碳创新网络的创新活动有积极的促进作用。低碳创新发展战略的制定与低碳创新活动的开展，都是在政府政策的引导与环境治理监督下进行的。政府通过提供低碳政策、搭建低碳创新平台、优化低碳生产制度、制定环保标准、实施创新补贴、增加环境治理投入、设立专项基金、培育社会低碳文化、制定企业低碳创新扶持政策等方式，营造良好的公平竞争市场环境和政策环境，促进低碳创新网络的发展。政府作为低碳发展的引路人与宏观环境的调控者，在低碳创新网络中发挥创新导向与扶持作用，是低碳创新网络中不可或缺的创新主体。

（4）金融机构

金融机构是低碳创新网络中资金的供给主体，既能够为企业提供经营活动上一般资金支持，还能够提供资金保障其低碳创新活动以及相关的咨询服务。充足的资金是企业成功实现低碳创新的重要条件，政府的资金支持有限，金融机构拥有充足的资金可以为企业的低碳创新活动提供资金保障，避免了低碳创新活动中企业因研发资金不足导致资金链断裂的创新活动失败。随着低碳创新活动的复杂性和系统性的提升，银行、基金和风险投资等金融机构影响着低碳创新活动的各个环节，资金保障对低碳创新活动的成功具有显著的促进作用，金融机构在低碳创新网络中的重要创新主体地位将进一步凸显。金融机构还可以通过金融市场的信息进行财务分析，为低碳创新活动提供风险监控、风险预警等咨询服务，有效降低低碳创新活动的风险。

（5）中介机构

作为低碳创新网络中的低碳创新服务主体，中介机构凭借各自的专业知识与专业技能，形成理论交流、供需反馈的传递介质，中介机构的组织形式有孵化器、技术研究中心、律师事务所、会计师事务所、企业战略联盟、技术转移机构、依托大数据的知识共享平台等，通过资源配置、法律与会计咨询服务、科技评估等专业化服务，整合低碳创新网络的创新资源配置，有效降低创新成本和创新风险，促进低碳成果转化，为低碳创新活动提供服务，实现低碳创新网络整体的价值创造。中介机构是低碳创新网络中的功能性创新主体，对低碳创新网络的运行质量与运行效率具有较大的影响作用。

2.2.4 低碳创新网络创新效率的概念

针对创新效率的研究普遍用于衡量创新结果或者创新水平，创新效率具有动态性、多维性等特征，导致了创新效率内涵和研究视角的多样性。目前，创新效率的内涵尚未形成统一认识。有学者认为创新效率是以提高生产效率和扩大经济效益为目标的一种创新资源投入，可以通过创新投入和创新产出指标反映绩效优劣。沈等（Shin et al.，2017）认为创新行为应聚焦于创新过程，创新投入是创新效率产生的前因，创造力聚焦于新颖且有效想法，创新效率强调新颖想法产生、采用和实施以及结果。洛威克等（Lowik et al.，2017）将创新行为过程用于创新效率含义的界定，提出创新效率包括创意生成和创意开发两个方面，个体做出的具有创造性的决策，能够对预期问题制定解决方案并及时解决问题，个体创新行为是以个体创意形式生成，创意开发活动是对创意生成的采纳。阿尔加姆迪（Alghamd，2018）提出创新效率是用于衡量创新行为或者创新成果的熟练程度，包含创意生成、发展和实施，创新绩效默认创新开始于创意生成阶段，接下来创意需要获得决策者和同行的认同，为创意的发展阶段，最后是创意的实施阶段，创意转化为有效的应用。综上所述，现有创新效率的研究成果主要考察创新意识、创新过程以及创新效果，本书将延续创意生成、创新过程以及创新效果研究脉络对低碳创新网络创新效率的内涵进行界定。

低碳创新是指在低碳经济背景下创新网络的各个异质性创新主体为获得创新活动的预期目标所采取的一系列应对措施，低碳经济对创新网络的创意生成作用主要体现在以下四点：第一，低碳经济对企业创新网络建设来说是一种低碳机遇，企业作为创新网络中重要的创新主体，通过实施低碳战略、低碳生产、低碳管理而实现整体结构优化和低碳转型发展；第二，低碳环境对于创新主体而言既意味着低碳壁垒和激烈的市场竞争，还意味着来自经济、社会和生态的多重约束作用；第三，低碳创新网络创新效率的衡量需要涵盖各个创新主体参与的关键流程，例如，企业的创新成果可以多表现为新产品产出和专利技术产出，学研机构的创新成果多表现为科技论文产出，因此，低碳创新网络创新效率是各个创新主体创新效果的表现形式；第四，低碳创新网络创新效率的衡量务必根植于企业、学研机构、政府、金融机构和中介机构等各个利益相关主体的低碳目标和发展理念，也是对创新过程中低碳、节能、环保等目标实现程度的综合考量。基于以上研究，综合低碳创新网络和创新效率的概念，本书将低碳创新网络创新效率界定为：借助低碳经济机遇和节能减排约束为创新导向，是低碳创新网络中各利益相关主体在技术研发、产品生产以及运营管理等创新过程中投入的各类创新资源转化为有效成果的比率，反映低碳创新网络的创新成果产出效率，是对低碳、节能、环保等低碳目标实现程度的综合衡量。

2.2.5 低碳创新网络研究的相关理论

基于社会网络理论的低碳创新网络机理与创新效率评价是由多个创新主体参与的、共同演进的过程，在各个维度的影响作用下，由网络结构与网络关系以及主体特征的多个因素交互影响，形成多维度影响的发展过程。基于社会网络理论的低碳创新网络机理与创新效率评价研究所涉及的相关理论包括交易成本理论和演化博弈理论。

（1）交易成本理论

科斯（Coase，1937）提出了交易成本理论，是指为实现交易所付出的成本，包含交易前搜集市场价格信息和合作伙伴信息以及交易过程中的谈判费用和监督费用等各项成本，交易成本实质上也是一种社会成本。基于人性的有限理性和机会主义两个基本假设，威廉姆森和奥利弗（Williamson and Oliver，1985）总结出交易成本的三大影响要素，资产专有性、交易不确定性和交易频次。资产专有性指的是交易过程中单纯用于交易本身的投资，随契约关系结束后形成沉没成本，无法回收再利用，在交易关系结束后易引发机会主义行为，越高的资产专用性越容易被要挟，因此，防范机会主义行为的成本越高。交易不确定性是指交易关系形成后产生不确定风险的概率，交易过程中可能会因为信息不对称而出现机会主义行为，由于人的有限理性，其决策行为会受到理解能力、信息获取能力等影响作用，无法避免其中的非理性成分。无法事先预知合作过程中可能会发生的所有情况，因此交易各方需要通过制定交易契约来保障交易顺利进行和自身利益。交易频次是指交易双方有效交易的频率和次数，交易频次越高，越可能为减少管理成本而将外部交易转化为内部交易。综上所述，交易成本理论认为市场化交易比内部经营可以节约更多的成本是跨边界开展外部交易的直接原因。低碳创新网络打破了传统组织的局限性，在保持创新主体相对独立的同时，增强了创新资源的有效性，提升了创新主体开展创新活动的灵活性。低碳创新网络是一种网络化的组织形式，网络结构有利于知识转移和建立彼此信任关系，降低因信息不对称或者缺乏信任导致的合作道德风险，降低交易的不确定性。低碳创新合作避免了创新完全内部化带来的业务重叠和机构冗余等大量的管理成本。因此，交易成本理论能够解释创新主体的低碳创新合作行为，是研究低碳创新网络的相关理论，本书在5.2节结合影响交易成本的三大要素，将违约惩罚作为网络关系因素，将协同收益和利益分配作为主体特征因素。

（2）演化博弈理论

演化博弈理论源于生物领域研究，将动态演化思想与传统博弈论的分析范式相结合，是博弈论发展的必然选择。传统博弈论是静态博弈，是博弈双方经历有限博弈后所达到的"纳什均衡"，而现实世界的博弈往往是动态博弈，博弈双方会依据过去博弈结果和对方的博弈策略对自己的策略进行调整，需要将动态分析与传统博弈相结合，促进了演化博弈理论的形成。演化博弈理论的出现填补了博弈论的空白，理论的应用和完善经历了长期的探索，演化稳定策略（ESS）的提出对演化博弈理论为进一步完善作出了突出贡献，演化稳定策略展现了演化博弈分析的全新视角，打破了博弈论被静态属性个人博弈模型限制的局面。因此，本书在5.2节中运用演化博弈理论建立了低碳创新网络演化博弈模型，并利用演化稳定策略对模型进行求解。社会网络上的演化博弈是研究合作演化的重要研究方法。诺瓦克（Nowak，1992）在空间方格上创新性地研究合作演化，自此运用网络演化博弈研究合作演化逐渐成为学术界的热点。参照社会网络理论，现实中个体的接触不是完全随机或者完全耦合的，嵌入于社会系统中的现实世界系统具有拓扑特征，其演化规律与网络结构之间密切相关。低碳创新网络主体合作是在一定的社会经济背景下，通过创新主体之间的协同、竞争、促进等非线性作用机制实现知识扩散过程，本质上符合基于社会网络的演化过程，创新主体作为网络节点，创新主体之间错综复杂的网络关系构成了节点的连边。低碳创新网络由有限理性的异质性主体构成，一则表现为多种类别的创新主体，包括企业、学研机构、政府和中介金融机构等，二则表现为具有不同禀赋或者行为特征的企业主体，其企业规模、生产能力、盈利能力、低碳偏好、企业文化和创新资源与研发能力等多方面存在差别，导致合作过程中的决策存在显著差异。低碳创新网络是一个具有异质性的无标度社会网络。因此，在5.3节和5.4节中，以无标度社会网络为载体，从主体博弈视角对低碳创新网络演化进行分析。

2.3 基于社会网络理论的低碳创新网络机理与创新效率评价研究框架

2.3.1 研究内容解读

"机理"原意为在化学研究领域中从原子之间的结合关系来描述某个特定的化学过程。目前，"机理"一词同义复现为由不同类型要素构成的系统结构内部，要素间为了达成某种特定性能而交互作用形成的原理。机理是由相关数据和事实构成的，即事物存在和变化的道理，强调事物间的关系。机理是机制的一个组成部分，机制是框架下形成的整体，强调一种体制或者体系，比喻一般事物，重点为事物内部各个组成部分的相互联系即机理。基于社会网络理论的低碳创新网络机理与创新效率评价研究旨在揭示低碳创新网络变化的道理，在社会网络环境中，通过不同要素构成的系统结构内，要素为实现特定性能而形成要素间交互作用的原理。

低碳创新网络的发展过程需要多个创新主体协作并共同演进，逐步形成多维度作用、多主体演化、创新效率水平稳步提升发展模式。本书将主要研究内容设置为四个层面：基于社会网络理论的低碳创新网络形成研究、基于社会网络理论的低碳创新网络作用机理研究、基于社会网络理论的低碳创新网络演化机理研究、基于社会网络理论的低碳创新网络创新效率评价研究。第一，低碳创新网络形成的研究，运用社会网络理论对基于新能源汽车行业的低碳创新网络要素进行了分析，从网络结构、网络关系和主体特征三个层面对低碳创新网络的网络特征进行测度，是探究基于社会网络理论的低碳创新网络形成是研究低碳创新网络作用机理、演化机理以及创新效率评价的基础条件。第二，低碳创新网络作用机理的研究是通过系统内部某些要素之间的关系来描述低碳创新网络的过程，是基于社会网络理论的低碳创新网络作用层面的道理。基于社会网络理论的低碳创新网络作用机理是建立在社会网络主要研究内容的基础上，从网络结构、网络关系和主体特征以及知识共生四个层面对作用机理进行实证研究，科学、全面地揭示研究内容。第三，低碳创新网络演化机理的研究是通过演化因素保障低碳创新网络的持续发展过程，是低碳创新网络演化层面的道理。演化因素是指推动低碳创新网络从无到有、合作水平由低到高的发展因素。低碳创新网络演化机理建立在低碳创新网络形成的基础上，探讨低碳创新网络发展过程中网络结构、网络关系、主体特征以及知识共生对低碳创新网络演化深度和速度的影响。第四，低碳创新网络创新效率评价的研究是通过构建评价指标体系和评价模型对低碳创新网络目标实现程度的研究，是在低碳创新网络形成、作用与演化研究后，进一步反馈低碳创新网络创新效率的结果过程，创新效率评价结果是对整个低碳创新网络发展过程的反馈。反馈因素包括投入和产出两个部分，投入因素反映了创新主体对于低碳创新网络的重视程度，产出因素反映了低碳创新网络的效果和效益。

2.3.2 研究框架分析

基于社会网络理论的低碳创新网络形成研究。低碳创新网络形成受多重因素的影响，内部动因来自知识聚集与转移、创新组织学习、合作利益分配和关系协调治理为主的创新主体协同效应，外部动因来自低碳产品市场需求、网络创新竞争压力、政府政策推动作用和复杂多变的创新环境。低碳创新网络的形成机制与发展过程紧密相连，企业与供应商、销售方形成经济层面的关联，形成了低碳创新网络的纵向组织，随着企业之间建立了更加频繁密切的合作关系，形成了低碳创新网络的横向组织，企业与大学、科研机构的合作创新活动形成了低碳创新网络中产学研组织。在此基础上根据社会网络理论，分析了新能源汽车行业低碳创新网络要素，网络结构测量指标为网络规模、网络密度和网络中心性，网络关系测量指标网络平均距离和欧氏距离，主体特征的测量指标为网络结构洞。对基于新能源汽车行业的低碳创新网络是否具有小世界效应和无标度效应进行检验，为选择以无标度网络为载体进行低碳创新网络演化机理研究提供实证依据。

基于社会网络理论的低碳创新网络作用机理研究。为了准确解释网络结构、网络关系、主体特征如何影响低碳创新网络，将网络结构、网络关系和主体特征以及知识属性纳入低碳创新网络作用机理的概念模型中，分别验证理论模型中提出的研究假设，为提出低碳创新网络发展对策提供理论和实证支持。本书分析了网络结构、网络关系和主体特征以及知识属性对低碳创新网络的作用机理，首先，基于社会网络理论，低碳创新网络由节点和关系联结构成，网络结构关注创新主体的网络位置带来的资源价值，采用网络规模、网络密度、网络中心性进行衡量，网络关系描述网络内部创新主体之间的关系属性，采用关系强度、关系质量进行衡量。其次，根据资源基础理论，节点是网络分析范式的逻辑起点，主体特征决定了创新主体可以获取创新资源的多寡，选择创新主体特征作为单个主体特征层面的测量指标，主体特征是指低碳创新网络创新主体在组织、目标和能力特征上的差异性，将创新主体异质性划分为组织异质性、目标异质性与能力异质性三个维度。最后，选择知识共生作为知识属性构建了基于社会网络理论的低碳创新网络作用机理的概念模型，进一步探讨社会网络因素在影响低碳创新网络过程中的交互作用，研究证实知识共生对低碳创新网络存在促进作用，同时在网络关系影响低碳创新网络中发挥部分中介作用。

基于社会网络理论的低碳创新网络演化机理研究。大多数的创新主体单纯依靠自身实力与创新资源难以实现低碳创新，创新主体之间通过合作进行低碳创新，低碳创新合作推动了低碳创新网络的发展。根据合作对象的不同，低碳创新网络主体合作类型包括纵向合作、横向合作和政产学研中合作三种类型。根据社会网络理论、交易成本理论和演化博弈理论，综合考虑网络结构、网络关系、主体特征以及知识共生对低碳创新网络演化的影响，从主体博弈视角出发，构建低碳创新网络演化博弈模型，采用无标度社会网络作为载体，运用数值仿真技术探究各层次因素对低碳创新网络演化过程的影响。为基于社会网络理论的低碳创新网络创新效率评价奠定基础，有助于探索低碳创新网络建设的有效对策。

基于社会网络理论的低碳创新网络创新效率评价研究。低碳创新网络创新效率评价是通过创新投入产出测量低碳创新网络创新效率水平，并将低碳创新网络创新效率评价结果反馈给低碳创新网络的创新主体践行者与政策制定者的过程。针对低碳创新网络创新效率进行系统的、科学的评价，能够客观反映出我国低碳创新网络的发展现状，对引导和激励创新主体制定低碳发展战略、推进低碳创新网络的优化升级具有重要意义。在低碳创新网络创新效率评价过程中构建的低碳创新网络创新效率评价指标体系在一定程度上指导创新主体实现自我评价。

2.3.3　研究框架建立

本书根据社会网络理论，以低碳创新网络为研究对象，从社会网络的主要研究内容出发，分析网络结构、网络关系和主体特征与低碳创新网络之间的关系，探究社会网络情境下低碳创新网络发展对策。低碳创新网络是由创新主体和网络联结构成的，是在多种影响因素综合作用下进行的低碳合作创新活动，不但可以产生网络内部创新主体低碳创新能力与市场竞争能力提高的内部效应，还可以产生推动低碳经济发展的外部性社会效应。将低碳创新网络视为一个系统，根据系统逻辑制定参考依据，将基于社会网络理论的低碳创新网络机理与创新效率评价研究分为输入、处理、升级与反馈，分别与低碳创新网络形成、作用机理、演化机理与创新效率评价这四个部分相对应。首先，将低碳创新网络的形成动因、形成机制与整体网络特征作为系统形成"源"，实现系统的输入；经过网络结构、网络关系、主体特征以及知识共生对低碳创新网络的综合作用，形成了低碳创新网络作用"流"，实现系统的内部处理；其次，经过网络结构、网络关系、主体特征以及知识共生对低碳创新网络演化的综合影响，形成演化机理"场"，实现了系统的升级；最后，为保障低碳创新网络的持续性与稳定性，对低碳创新网络创新效率进行评价，形成创新效率评价"果"，直接体现投入产出视角下低碳创新网络运行情况以及外部环境对低碳创新网络创新效率的影响作用，间接体现出低碳创新网络形成、作用机理、演化机理的科学性，实现系统的反馈。网络形成、作用机理、演化机理与创新效率评价四个过程按照系统逻辑不断进化，使得低碳创新网络的发展具有可持续性，最终实现对低碳创新网络的"形成'源'→作用'流'→演化'场'→评价'果'"的系统性研究过程，为建设低碳创新网络提供理论支撑。综上所述，本书构建了基于社会网络理论的低碳创新网络机理与创新效率评价的研究框架，如图2.2所示。

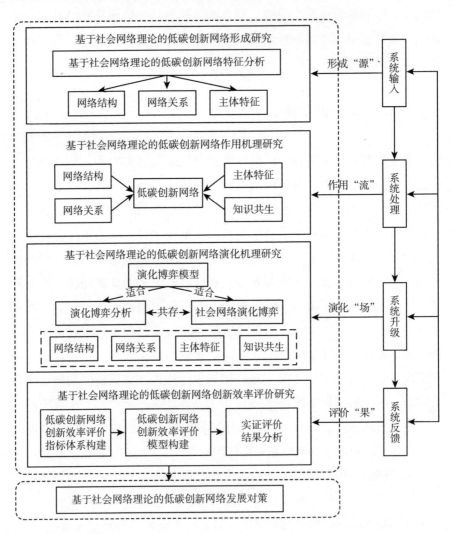

图2.2　基于社会网络理论的低碳创新网络机理与创新效率评价研究框架

资料来源：笔者绘制。

（1）系统输入：形成"源"

基于社会网络理论，将低碳创新网络的创新主体和网络关系抽象为由节点和联结组成的社会网络，运用社会网络方法对该低碳创新网络的网络结构、网络关系和主体特征进行分析，也就是社会网络理论与低碳创新网络关系的形成"源"。对基于新能源汽车行业的低碳创新网络是否具有小世界效应和无标度效应进行检验，为选择以无标度网络为载体进行低碳创新网络演化机理研究提供实证依据。为进一步分析作用"流"、演化"场"和评价"果"提供了研究基础。

（2）系统处理：作用"流"

社会网络不同层次的形成"源"会对低碳创新网产生推动作用，并且不同层面的作用因素之间还存在着相互作用关系，以作用"流"的形式推动低碳创新网络的发展，作用过程中会受到个别因素的中介作用和调节作用。网络关系的影响因素还可以通过知识共生对低碳创新网络产生作用，知识共生决定了组织异质性和能力异质性对低碳创新网络作用的拐点。通过作用"流"的分析，展示了社会网络因素对低碳创新网络的作用机理。

（3）系统升级：演化"场"

低碳创新网络创新主体将通过合作决策来适应环境变化，系统内部互相作用以推动整个低碳创新网络的整体演进，揭示创新主体间的相互作用进而推动整个网络演化的路径和规律，得出利益相关者合作决策达到理想状态的稳定条件，促进整个低碳创新网络的演化升级。通过对演化"场"进行分析能够明确系统内各个创新主体之间的决策变化情况。

（4）系统反馈：评价"果"

针对低碳创新网络创新效率的评价实现了对形成"源"、作用"流"和演化"场"的反馈，通过构建低碳创新网络创新效率的评价指标体系与评价模型实证分析了低碳创新网络创新效率的评价结果，为低碳创新网络机理研究提供了反馈信息，有利于创新主体发现制约低碳创新网络发展的薄弱环节，为创新主体的对策调整提供决策依据。

2.4 本章小结

　　本章作为本书研究的基础内容，提出了基于社会网络的低碳创新网络机理与创新效率评价研究的理论框架。首先，对社会网络理论的发展过程和主要内容进行了概述；其次，界定了低碳创新网络的概念，分析了低碳创新网络的特征与参与主体，辨析了低碳创新网络创新效率的内涵，阐释了低碳创新网络的理论基础，为后续各个章节奠定坚实的理论基础；最后，构建了基于社会网络理论的低碳创新网络机理与创新效率评价的研究框架。

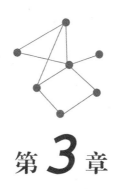

第 **3** 章

基于社会网络理论的低碳创新网络形成研究

基于第 2 章对社会网络理论的低碳创新网络机理与创新效率评价研究的系统梳理以及相关内涵界定，本章对低碳创新网络形成的动因、低碳创新网络的形成机制进行了研究，并通过社会网络理论绘制了基于新能源汽车行业的低碳创新网络图，运用社会网络分析方法对新能源汽车行业低碳创新网络的网络结构、网络关系和主体特征以及网络特征进行分析，为后面探究基于社会网络理论的低碳创新网络作用机理研究、低碳创新网络演化机理研究和低碳创新网络创新效率评价研究奠定基础。

3.1 低碳创新网络的形成动因与形成机制

关于低碳创新网络形成的动因，马海涛等（2012）提出集成供需平台增加交易机会、专业技术确权推动产权交易、收益分配机制注入创新活力、举办论坛沙龙寻解关键难题、金融投资服务打通价值链条是完善国家创新网络结构的五大动力。阮平南等（2018）提出制度和组织邻近性对于技术创新网络的形成与发展一直发挥着较为稳定的促进作用。因此，基于国内外学者的相关研究，低碳创新网络形成的动因主要包括内部动因和外部动因，内部动因包括以知识聚集与转移、创新组织学习、合作利益分配和关系协调治理为主的创新主体合作行为协同效应，外部动因来自低碳产品市场需求、网络创新竞争压力、政府政策推动作用和复杂多变的创新环境。

3.1.1　低碳创新网络的形成动因

（1）低碳创新网络形成的内部动因

① 知识聚集与转移。知识集聚是指在相同行业内部存在相似或者相关的知识结构因子，由若干个知识因子建立关联，促使知识使用主体在一定的空间上形成集聚，从而缩短主体之间的认知距离、减少信息不对称、提升知识转移效率。知识集聚是对知识的有序化整合、对知识体系的合理化更新，对知识创造有着至关重要的作用。创新主体为了实现获得异质类创新资源、更新现有知识体系、提高组织学习能力的知识集聚效应，能够主动增强创新主体合作的意愿。创新主体在研发中遇到技术瓶颈，单独依靠自身资源无法达到战略目标，资源战略缺口能够激发创新主体寻求优势伙伴进行合作的意愿。基于异质性创新主体之间不同的利益诉求和对彼此新知识的高度需求，促进了合作过程中的知识溢出，从而降低了知识获取识别的难度和知识采用成本。异质性创新主体节点间的知识转移降低了合作成本，增强寻找资源互补伙伴的合作意愿。因此，知识集聚与转移是低碳创新网络形成的基础动因。

② 创新组织学习。创新的目标与表现形式是实现工艺、产品或者市场创新，制度创新机制主要包括自主创新、合作创新、模仿创新、开放式创新等，制度创新机制的选择要与创新目标密切配合，保障创新主体的发展。组织学习是创新主体获取关键知识的重要手段，能够有效地完善创新主体的知识体系，稳步推进创新主体的创新能力的提升与自我成长。作为知识共享与扩散的载体，组织学习增加了个体间、网络内部个体之间的交互学习，最大限度地节约了人、财、物等创新资源，提高了

学习效率与资源利用效率。创新主体之间开展组织学习是将新知识、新技术内化共享的有效途径，为了掌握相关领域的基础理论、科研方法与技术前沿，可以通过与合作方开展知识培训、研发指导与经验分享等开展组织正式学习与非正式学习，创新主体从而获得创新发展所需要的互补性知识资源，有利于提高其创新能力。通过不断地组织学习，知识资源利用率得到有效提升，创新主体的创新能力可以得到保障。创新主体为了实现相互学习与知识共享，会提高低碳创新合作意愿，创新组织学习是促进低碳创新网络形成的重要动因。

③ 合作利益分配。利益分配指的是合作过程中相关利益者对合作收益进行分割，是合作双方维持合作关系的动力因素，直接影响合作方参与合作行为的积极性，合理的利益分配能够保障合作的顺利开展。低碳创新主体之间的合作离不开共同利益的驱动作用，基于差异化的核心技术能力，各个主体参与合作的过程中完成不同的活动职能，投入的资源、承担的风险有异，对于合作目标承担的责任也不尽相同。利益分配源于合作，合作中承担的责任与享有的利益对等，创新主体的利益分配必然有所区分。公平有效的利益分配机制是保障低碳创新主体合作开展的前提条件，不仅是对经济利益的合理分配，同时需要考虑到合作过程中的无形收益进行分配，包括商誉、专利权、销售渠道、潜在客户等。在复杂多变的动态竞争经济环境中，公平合理的利益分配是促进低碳创新主体合作和保障合作顺利展开的关键动因。

④ 关系协调治理。低碳创新主体通过在低碳技术和市场的交互活动，实现了低碳技术的研发与扩散，此时建立起的正式或者非正式合作关系，有利于知识与技术在组织内部与组织间的流动与转移，整合创新主体内部现有创新资源和能力对产品进行改进，促进了低碳创新主体之间的合作。异质性创新主体在合作期间，充分利用互补资源进行密切合作，形成有效的关系联结，完成相应的合作行为，实现创新主体的合作共赢。创新主体在文化、信誉和决策等方面的差异，合作过程中无法避免发生冲突，关系协调治理机制的建立是保障合作顺利开展的重要保障。合作关系治理具有监督、协调的功能，合作关系中创新主体的行为和关系随时发生变化，充分发挥政府和中介机构的协调作用，建立正式或者非正

式的关系协调治理机制，能够减少合作中的交易费用，在一定程度上避免创新主体之间的矛盾，有利于合作的顺利开展。因此，通过关系协调治理能够将异质性创新主体联合起来，整合自身创新资源，是保障低碳创新网络的重要因素。

（2）低碳创新网络形成的外部动因

随着知识经济、网络经济的崛起与发展，产业经济集团化的发展趋势显著，不断变化的技术、经济、政策环境对创新模式产生了新的要求，低碳创新网络应运而生。低碳创新网络形成的外部动因对内部创新主体具有引导、刺激和宏观调控的推动作用，主要包括低碳产品市场需求、创新网络成员压力和政府政策推动作用。

① 低碳产品市场需求。随着全球气候变暖、资源耗竭和市场竞争的不断加剧，低碳技术创新已经引起广泛关注，低碳产品是发展低碳经济、实现节能环保的出发点和落脚点。低碳技术的不断变革对创新主体的适应能力提出了新的挑战，推动创新主体通过合作来提升生存能力。低碳市场需求趋于个性化和多样化，低碳产品的价格不再是决定创新主体竞争优势的关键点，柔性生产能力至关重要。当创新主体无法单独满足低碳产品市场需求时，创新主体整合技术、人力资源，迫切地寻找外部组织进行合作，开展低碳技术创新活动以顺应市场需求，因此，低碳产品市场需求是推动低碳创新网络形成的重要动因。

② 网络创新竞争压力。面对日新月异的市场环境，创新主体间的竞争更加激烈，当某一创新主体实现首个创新技术或产品时，原有的竞争和利益分配格局将被打破，在技术贬值的无形驱动之下，产业内部的创新主体都将面临机遇和挑战，创新主体为了保持竞争优势和规避被淘汰的风险而积极开展低碳创新活动。创新网络能够为创新主体成员提供高效的交流平台，关注彼此的行为，有助于增加网络成员之间的合作，提升彼此创新实力。在网络创新压力的作用下，为了快速获取资源、提升创新效率、实现创新目标，创新主体会选择合作创新。因此，网络创新竞争压力是通过市场机制推动低碳创新网络形成的重要动力因素。

③ 政府政策推动作用。鉴于低碳可持续发展的国际形势，政府进一

步完善了低碳创新政策制度。政府政策具有目标制定和方向指导的重要作用，能够广泛引起从生产者到消费者对低碳发展的重视，是经济低碳发展的政策动力。同时，政府政策是低碳创新网络的引导者，是异质性创新主体合作的链接纽带，推动创新主体的低碳创新活动和合作创新，对于低碳创新网络的形成起到至关重要的行为引导作用。尤其在产学研合作创新中，政府常常作为担保者促使合作创新的达成，我国现阶段政府大力推进产学研合作，推动合作创新的稳定发展。政府推进低碳创新网络形成的主要工具包括法律制度、政府环境规制、税收制度等，以此保障创新活动的顺利进行和创新资源的合理有序配置，规范合作创新行为、激发创新活动，为低碳创新网络的形成聚集创新资源。因此，政府政策推动了低碳创新网络的形成。

④ 创新环境复杂多变。信息全球化的知识经济时代，创新主体之间的联系更加紧密，线性创新发展为非线性的网络创新，创新模式由自主创新不断向开放式创新演变，使创新活动面临更复杂的不确定性。低碳创新网络弥补了单一创新主体创新资源与技术能力上的不足之处，使创新主体更好地发挥自身优势，共享合作创新产出利益和知识溢出，有效地提升各自的创新能力。网络平台的广泛应用有助于创新主体的沟通、学习与合作，增进了异质性创新主体之间的知识溢出，促使创新主体扩大创新投入阈值，广泛整合创新资源。因此，复杂多变的创新环境促进了低碳创新网络的形成。

具体低碳创新网络动力要素如图 3.1 所示。

3.1.2　低碳创新网络的形成机制

作为低碳创新网络的重要创新主体，企业的网络发展不但受利益最大化目标的影响，同时受到低碳经济、政策法规、科技进步、低碳市场需求、人力资源素质等外部因素的影响。在低碳创新网络中，企业涉及的关系链条包括企业与供应商、企业与竞争者、企业与学研机构、低碳型企业与政府、企业与中介机构、企业与金融机构等。低碳创新网络的形成机制包括纵向组织、横向组织和政产学研中组织形成机制。

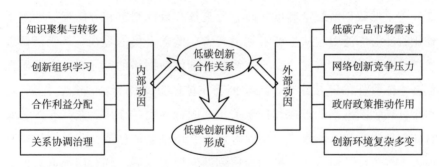

图 3.1　低碳创新网络动力要素

资料来源：笔者绘制。

（1）纵向组织形成机制

低碳创新网络发展的第一个阶段是纵向组织的形成，纵向组织形成机制取决于创新主体选择整合还是分立。企业作为低碳创新网络中的重要创新主体，生产产品、创造价值是企业的核心命题。企业的价值创造过程包含产品从设计、生产到销售等创新活动，各个创新活动都是价值链上相互配合关联的环节。低碳经济、科技进步对企业价值创造活动带来了新的挑战，面对复杂多变的创新环境，为了生产出满足市场需求的低碳产品，企业不再局限于内部解决所有的技术问题或者独立完成产品生产过程中的一系列价值创造活动。社会分工逐步深化，各个价值链环节的专业化需求也随之提高，价值增值环节的分立需要具备以下三个条件。第一，市场竞争环境。处于竞争性的市场环境，新进入的壁垒相对较低，分立出来的增值环节作为新企业能够自由地获取创新资源，进行创新和生产活动，占据生存和发展的空间。第二，核心竞争能力。在合作过程中，具有核心竞争能力的增值环节有更强的讨价还价能力，才能在市场竞争环境中占据一席之地。第三，市场需求空间。唯有在分立初期就持有足够的市场需求空间，分立出来的增值环节才有能力和资本进一步发展，同时，随着低碳创新网络成员的增加，企业获得的市场需求空间会不断缩小，促使了企业向更广泛的区域进行扩散，低碳创新网络向外部进行辐射和扩散。随着科技进步和社会分工的精细化，单独一个企业难以掌握生产的全部环节，专业化水平较高的高新技术企业就是在这种背景下发展起来的，创新网络的规模效应替代了企业自身的规模效应。综上所述，价值链增值环节的整合与分立相辅相成，分立使企业进行专业化生产，整合使企业的价值链完整。社会分工的精细化、复杂化发展使企业将一部分生产活动从原有价值链中分立出来以获得更多的利润，从事这一部分生产活动的企业逐渐规模化发展，并且不再单独服务于本企业，而是为产业内大批量的企业提供服务，与之发生直接和间接的关联，通过价值链的相互作用使原始价值链的链式结构变为网式结构，从而价值链内的创新活动成为创新网络，这种纵向组织形成的创新网络具有较长时间的稳定性。

（2）横向组织形成机制

低碳创新网络发展的第二个阶段是横向组织的形成，横向组织形成机制取决于创新主体与同质创新主体之间选择竞争还是合作。随着全球经济一体化、产业结构的不断变化和信息技术的日新月异，企业间的关系不再是资源与市场的单纯竞争关系，而是协同合作的竞争发展关系。创新主体选择合作创新的前提条件是优势互补和创新资源共享，创新资源共享能够为低碳技术研发提供更丰富的创新资源，突破创新主体进行自主研发中的资源局限，实现创新资源的规模效应。创新主体选择合作创新的基础是追求合作带来的超额利益，合作过程中创新主体通过知识转移和技术交流，完善自身知识体系，获得了知识溢出带来的额外收益。低碳创新网络的创新主体选择合作创新是对复杂创新资源的整合，通过交流分享、知识集聚、资源共享、风险共担、互惠共赢的方式开展合作创新，进而形成低碳创新网络，同时，网络内部的具有互惠共生关系创新主体，通过功能互补缩短了研发周期，分散了合作创新风险，提高了网络集群的市场竞争能力。合作创新通过合同的制定分配合作创新收益、分摊合作创新风险，有效提高了参与合作创新主体的风险控制力。对于横向组织来说，参与合作创新的企业规模小、产品单一，具有较强同质性，通过合作创新形成外部规模经济，组织内部的创新主体有相似的价值理念和管理文化，这类社会文化要素是创新网络发展的重要保障因素，促进了信任关系网络的构建，信任关系能够有效降低合作中的机会主义倾向和维护合同契约的交易成本。在经济全球化竞争的背景下，生产同质化产品的企业应建立长期合作关系以应对全球竞争挑战，因为合作关系有利于企业之间的信息交流共享，促使技术创新能力、市场洞察能力的提高。

（3）政产学研中组织形成机制

随着低碳创新网络的不断发展，企业与其他创新主体的互动交流越来越频繁，从而形成低碳创新网络至关重要的一环，即低碳创新网络发展的第三个阶段，政产学研中组织的形成，政产学研中组织形成机制取决于异质性创新主体是否开展合作。

低碳创新网络中政产学研中组织的形成是应低碳产品需求、低碳技术拉动下合作创新行为的集中出现，通常出现资源集聚和空间集聚。政产学研中组织形成的基础是创新资源集聚，需要大量政产学研中组织提供的资金、人才、信息和技术等有效创新资源汇集到一起。政产学研中组织在经济、技术发达且高校科研机构密集的地区易出现空间集聚情况，例如，北京中关村、美国硅谷等。首先，创新主体整合自身创新资源以明确创新需求，向潜在的合作伙伴表达创新需求与合作意向，达成合作协议，创新主体结成了二元合作关系。其次，在合作过程中，创新主体各方通过组织嵌入明确了彼此的合作利益诉求，通过组织学习和沟通交流产生信任，最终达成稳定的合作关系，此时形成了多个子网络。最后，政府、中介和金融机构作为桥梁将多个子网络或者创新主体连接起来，形成了大规模的多元的创新网络。低碳创新网络的政产学研中组织的形成过程并非线性，当创新主体明确创新需求后，可以直接通过政府、中介或者金融机构等异质性创新主体链接后进入创新网络中。创新环境与创新主体进行直接互动可以促进合作创新速度的提升，创新环境与二元合作关系的互动能够维护合作关系的稳定性，创新环境与低碳创新子网络的互动能够促进网络结构与网络关系的进一步优化。

政产学研中组织的形成为低碳创新网络主体提供了稳定的、优良的创新环境，创新主体通过正式合作的互动行为，政产学研中共享知识、信息和创新资源，通过非正式"干中学"或者人才流动的互动行为，获得非正式的知识与创新资源。低碳创新网络为低碳知识与技术扩散提供了便利条件，网络中的创新主体更容易获得外部知识与创新资源，同时，低碳创新网络内创新主体越多，单独创新主体获得的外部效应越大。

综上所述，低碳创新网络是在内部和外部双重原因的驱动下形成的，在低碳创新网络形成初期，企业与供应商和销售方形成经济层面的关联，形成低碳创新网络的纵向组织。随着生产率提高、生产成本降低，初期的产业集聚促使具有低碳技术优势的大企业诞生，优势企业进一步细化分工并进行专业化生产，使企业间开展了紧密的交流合作，进而形成低碳创新网络的横向组织。最后，企业与学研机构、政府、中介金融机构等进行信息交流、知识共享与合作创新活动，形成了低碳创新网络的政产学研中组织。随着低碳经济的发展进步，创新主体之间建立了合作关系，知识、资本和劳动力等在网络内部流动，最终形成了低碳创新网络。然而，基于社会网络理论的低碳创新网络的要素以及网络特征尚不明确，本书采用社会网络分析方法，选择特定行业数据绘制低碳创新网络图，并对其网络结构、网络关系、主体特征以及网络特征进行深入分析。

3.2 基于社会网络理论的低碳创新网络绘制的数据来源与过程

制造业具有人力资本密集、涉及行业范围广泛、原材料和能源消耗量大同时具有较强的技术创新和价值创造的特点，大多数制造业在原材料的加工处理以及动力能源的选择上呈现高碳特征，制造企业受到社会各界关于节能减排的压力成为了国内低碳创新的主力军，制造企业作为企业也是低碳创新网络的重要创新主体，因此，本书将以制造企业为研究对象。在本节基于社会网络理论的低碳创新网络形成的数据来源与过程中，为缩小研究对象与数据搜索范围，使绘制的低碳创新网络具有突出的行业特征，选择制造业中的新能源汽车行业的相关数据进行分析。

新能源汽车行业是通过电能、氢能以及生物能源等替代石油能源的消耗、减少碳排放和环境污染，具备节能环保的独特优势，能够有效应对能源危机和环境污染问题，当前世界汽车工业发展的主要方向是新能源汽车的研发和应用，新能源汽车工业的发展趋势已成为世界各国汽车工业发展的重中之重。在 21 世纪到来以前，我国新能源汽车工业已经经历了科研论证、研发生产、产业化阶段，发展日渐成熟。2010 年，国务院认定新能源汽车行业为我国七大战略新兴产业之一。2012 年，国务院发布的《节能与新能源汽车行业发展规划》提出新能源汽车主要包含插电式（含增程式）混合动力汽车、纯电动汽车和燃料电池汽车三种类型。2015 年，《中国制造 2025》进一步将新能源汽车的发展确定为重要发展领域，计划新能源汽车在 2025 年的年销量达到 300 万辆，推动国内自主品牌新能源汽车与国际先进水平接轨，占国内新能源汽车市场 80% 以上。从全球新能源汽车市场来看，2014 年全世界共计销售新能源汽车 31.5 万辆，而 2019 年新能源汽车全球销量已经超过 221 万辆，同比增长 10%，为 2014 年销量的 7 倍。从我国新能源汽车市场来看，2014 年，我国新能源汽车年销售量为 7.4763 万辆，在政府推广补贴、技术能源限制和配套基础设施等多项新能源政策的扶持下，新能源汽车行业获得了迅猛发展，2019 年新能源汽车年销售量已达到 120.6 万辆，为 2014 年销量的 16 倍，销量占到全球市场的 54.6%。新能源汽车行业涉及能源安全、节能减排、振兴经济等多重因素，有利于推动汽车产业转型升级、培育国际竞争新优势，其发展意义重大。

3.2.1　基于社会网络理论的低碳创新网络绘制的数据来源

专利是衡量技术创新和知识产权的重要计量工具，是技术创新活动的主要产物。专利联合申请是创新主体开展合作创新活动的具体表现形式，在专利合作申请过程中，创新主体之间形成了非正式的创新合作网络—专利合作网络，本质上是用专利对创新主体之间的合作关系和亲疏程度进行可视化描述。专利合作网络形成的基础是创新资源整合与知识流动，专利申请人与合作伙伴进行动态分工和知识转移共享，降低了研发成本，分散了技术创新风险，通过合作中获取的异质性创新资源弥补组织内部的不足。专利数据包含外观设计、实用新型和发明专利三种基本类型，外观设计专利指的是产品外观与表面设计的专利，实用新型专利是针对产品内部构造的专利，发明专利指的是推出新产品、新技术的专利，发明专利具有严格的审核标准与授权条件，代表着较高的技术含量和原创水平，拥有最广泛的应用市场，因此，发明专利数据更适合用于低碳创新网络研究。大多数学者在研究创新网络的过程中，采用发明专利的合作申请数据作为创新网络的基础。例如，王海军等（2018）利用专利合作申请数据，构建了华为与学研机构以及合作伙伴的发明专利合作网络，研究了 ICT 企业与高校、科研院所以及产业链伙伴的专利合作网络构建与治理问题。李雨浓等（2018）通过校企发明专利合作网络的建立，分析了网络整体结构特征、高校和企业在合作网络中的作用。曹霞等（2019）利用我国新能源汽车发明专利的专利合作申请数据，绘制了新能源汽车领域的专利合作网络，进一步探究了其网络结构和空间分布的演化规律。杨勇和王露涵（2020）以发明专利合作申请数据作为基础，绘制了我国发明专利网络，分析了我国发明专利合作网络的演化趋势。因此，本书选择发明专利合作申请人数据来构建低碳创新网络。

本书采用的发明专利合作申请人数据来自德温特专利数据库（DII 数据库）。DII 数据库现专利信息资源覆盖了化学、电气和机械工程等重点工业领域，收录来自世界各地的 40 余家专利机构的上千万专利数据，且每周更新数据库，是目前专利情报研究的权威数据库之一。DII 数据库收录范围广泛，专利数据数量多、质量高，相对便捷和人性化检索流程，现被全世界主要专利研究机构、科研人员以及企业研发人员在专利情报研究工作中广泛应用。DII 数据库为专利数据获取分析提供了规范可信的来源，为技术前沿分析提供了数据保障条件。

3.2.2 基于社会网络理论的低碳创新网络绘制过程

社会网络分析法是对社会结构网络、人际关系网络和组织系统网络等进行可视化的定量研究方法。社会网络分析主要关注网络整体特征、行动者行为和行动者之间的关系特征。通过德温特数据库专利信息检索获取新能源汽车行业专利合作申请数据，对数据进行进一步整理形成 0 - 1 矩阵，利用社会网络分析工具 UCINET 6.0 将 0 - 1 矩阵绘制成低碳创新网络图。

（1）数据获取

借鉴哈斯拉姆等（Haslam et al.，2012）、武兰芬和姜军（2020）的研究过程，在 DII 数据库中使用关键词检索，输入关键词的检索范围是专利信息的标题和摘要。确定本书的关键词为 Fuel Cell Vehicle、Hybrid Vehicle、Electric Vehicle，检索式为 TS =（Fuel Cell SAME Vehicle OR Hybrid SAME Vehicle OR Electric SAME Vehicle），在此基础上，以德温特分类代码 = X21 作为精炼依据。X21 包含了电动车辆（B60L），例如电动汽车、无轨电车、推进系统、刹车制动系统、牵引式车载电池等。

（2）数据处理

每项发明专利可能有一个或者多个申请人，申请人可以是企业、高校研究机构或者政府组织机构等，申请人也可能申请了多个发明专利。如果一项发明专利有两个或者多个申请主体，可以认定这些申请主体之间存在合作创新关系。本书采用社会网络分析法，采用如下过程对专利申请人数据进行挖掘：假设存在三个由多个申请人联合申请的发明专利，记作专利 P1、P2、P3，P1 对应的专利申请人为 A、B、C，表明申请人 A - B、B - C 和 A - C 之间均存在合作关系。专利申请人排名次序对合作关系无影响，不予以区分，专利申请人作为节点、彼此之间的合作关系作为边构成了网络。将专利申请数据进一步处理，形成申请人与申请人一一对应关系图，再将其转换成 0 - 1 矩阵，有合作记为 1，没有合作记为 0，再利用 UCINET 软件的 "Netdraw" 功能，构建出低碳创新网络图，该图由节点和边构成，节点即创新主体，边即创新主体之间的合作关系，创新主体之间的关系是相互的，低碳创新网络图属于无向网络，具体过程如图 3.2 所示。

专利ID	专利申请人
1	A
1	B
2	A
2	C
2	D
3	B
3	D
3	E

专利申请人	专利申请人
A	B
A	C
A	D
C	D
B	D
B	E
D	E

专利申请人	A	B	C	D	E
A	0	1	1	1	0
B	1	0	0	1	1
C	1	0	0	1	0
D	1	1	1	0	1
E	0	1	0	1	0

图 3.2　低碳创新网络图生成过程

（3）低碳创新网络图的绘制

通过对 2009~2018 年 DⅡ 数据库中新能源汽车行业合作发明专利数据的汇总，共检索到 331 774 项专利信息，关键词筛选整理后剩余 155 154 项专利信息，将 155 154 作为本书的初步样本。将 DⅡ 数据库获取的数据以指标分隔符格式导出，通过 Visual Basic 程序建立相应的去重函数对重复数据进行处理。本书采用新能源汽车行业发明专利申请量排名前 50 的重要申请人构建专利申请人合作关系矩阵，这些重要申请人是新能源汽车行业中的关键行动者，将前 50 名专利申请人信息转化为 0-1 矩阵，构建申请人与申请人的一一对应关系图。最后，将 0-1 矩阵导入 UCINET 社会网络分析软件对低碳创新网络进行可视处理，构建出由 50 个节点和节点之间合作关系组成的 2009~2018 年低碳创新网络图，如图 3.3 所示。

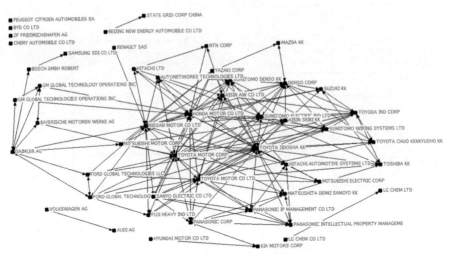

图 3.3 基于新能源汽车行业的低碳创新网络

3.3 基于社会网络理论的低碳创新 网络要素分析

    社会网络理论认为网络行动者行为是嵌入一定的社会网络中的，社会网络分析法主要研究的是行动者、行动者间关系和整体网络结构。行动者作为社会网络的重要组成部分，行动者的认知、态度和行为倾向都会受到网络结构的限制和影响；行动者间关系关注行动者之间的社会性关系联结，用来分析行动者之间联结的强度和方向；整体网络结构关注行动者的网络位置，用来分析两个及两个以上的行动者间社会网络结构特征。主体特征、网络关系、网络结构这三大核心要素影响着网络资源的流动方式，对行动者的个体和整个网络产生重要的影响作用。本书从社会网络的主要研究内容出发，将低碳创新网络的要素确定为网络结构、网络关系和主体特征。在此基础上，进行了低碳创新网络的网络特征分析，分析了基于新能源汽车产业的低碳创新网络的小世界效应与无标度效应。

3.3.1 低碳创新网络的网络结构

整体网分析作为社会网络分析的主要研究领域，重点研究网络的整体结构性质，是由网络内部全部行动者以及行动者之间的网络关系构成，整体网分析指标为网络规模、网络密度、度数中心度、中间中心势以及开放程度等。通过整体网分析能够基本掌握网络整体发展水平以及网络主体间的相互影响关系。结合社会网络分析方法，本书将低碳创新网络测量指标确定为低碳创新网络规模、低碳创新网络密度、低碳创新网络中心性。在整体网研究中，网络规模为网络内部所包含的行动者数量，3.2.2 节中构建的低碳创新网络行动者数量为 50，即基于新能源汽车行业的低碳创新网络规模为 50。

（1）低碳创新网络密度

低碳创新网络密度是衡量低碳创新网络中实际存在的关系数量与理论存在关系数量的比值，即网络内部创新主体之间关系的平均强度，反映出创新主体的行为、态度对网络的影响。网络密度较低说明创新主体之间缺少深度合作的紧密联系，知识转移渠道相对较少，信息不对称提升了合作中的机会主义风险，阻碍了低碳创新网络中知识转移、整合和利用。网络密度高说明创新主体联系过多导致知识同质化，阻碍了创新主体对于新知识的吸收和创造，限制了低碳创新网络的发展。低碳创新网络密度的计算公式，如式（3 − 1）所示，其中，n 为网络内部实际存在的关系数，N 为网络内部创新主体总数。

$$D = 2n/N(N-1) \qquad (3-1)$$

利用 UCINET 软件对低碳创新网络的网络密度进行测算，得出基于新能源汽车行业的低碳创新网络网络密度为 0.131，低碳创新网络结构比较松散，创新主体之间的合作较少。以丰田自动车株式会社为核心的网络是现有合作关系中的最大组成部分，与丰田自动车株式会社有直接合作关系的创新主体有 27 个，在 2009 ~ 2018 年，丰田自动车株式会社在新能源汽车领域的合作发明专利为 6 117 项。

（2）低碳创新网络中心性

低碳创新网络中心性适用于衡量创新主体在网络内部的"权利"，社会网络研究中创新主体的"权利"是指创新主体之间的依存关系。网络中心性研究是社会网络研究的重点内容之一，根据研究对象的区别，网络中心性可以划分为中心度和中心势，网络中心度用于刻画某一创新主体的中心性，测量创新主体在整个创新网络中的权利；网络中心势测量的是一个网络图在多大程度上依赖某一或某些特殊的点构建起来的，用于刻画网络整体的中心性。网络中心性的研究指标有度数中心度、接近中心度和中间中心度以及相对应的中心势。

① 度数中心度。度数中心度测量的是与被测量节点存在连接的节点数量，通常用于评价该创新主体的合作能力以及是否位于网络核心。越高的度数中心度表明其在网络中越重要，记为 C_{ADi}。表 3.1 列出了低碳创新网络中度数中心度排名前 20 的专利申请主体。其中，丰田自动车株式会社的度数中心度值为 27，是拥有最多直接合作者的专利申请人，在低碳创新网络中与排名前 50 的专利申请人合作申请专利数为 6 117 项。拥有较少直接合作者的专利申请人是福特全球技术有限公司、铃木株式会社和松下电器产业株式会社，直接合作伙伴是 7 个，合作申请专利数分别为 1 777 项、20 项、355 项。由此可见，排名前 20 的申请人在整个网络中处于核心地位，网络内部拥有相对多的合作者，掌握丰富的网络资源，占据低碳创新网络的重要位置，同时，合作伙伴越多，合作申请的专利数量越多，与合作伙伴之间的关系也相对稳定，拥有较大的网络影响力。

表 3.1　　低碳创新网络中前 20 位专利申请人的度数中心度

排序	专利申请人	度数中心度	排序	专利申请人	度数中心度
1	丰田自动车株式会社	27	4	本田汽车有限公司	20
2	丰田汽车有限公司	22	5	日产汽车有限公司	18
3	丰田汽车公司	21	6	电装公司	14

续表

排序	专利申请人	度数中心度	排序	专利申请人	度数中心度
7	住友电气株式会社	12	14	戴姆勒股份公司	8
8	丰田工业公司	11	15	三洋电机有限公司	8
9	爱信精机公司	10	16	住友布线系统有限公司	8
10	矢崎公司	10	17	松下知识产权管理有限公司	8
11	松下公司	9	18	福特全球技术有限公司	7
12	住友电装株式会社	9	19	铃木株式会社	7
13	爱信株式会社	9	20	松下电器产业株式会社	7

资料来源：笔者整理绘制。

② 接近中心度。接近中心度测量的是节点与其他节点的最短距离之和，通常用于评价节点之间的接近程度，两个节点越接近，越容易接触到网络中的信息资源，则该点的接近中心度越大，如式（3-2）所示：

$$C_{APi}^{-1} = \sum_{j=1}^{n} d_{ij} \qquad (3-2)$$

接近中心度常用于评价节点不受其他节点控制的程度，当节点和其他节点间距离较短时表明该节点的接近中心度较高。越高的接近中心度表明该节点位于网络核心位置的概率越大。丰田自动车株式会社和丰田汽车有限公司的接近中心度分别为 0.358 和 0.348，排名位于前两位，说明它们极有可能处于网络的核心位置，与网络内部其他企业的距离更为接近，能够通过最短路径与其他企业达成合作关系，并且能够高效搜索合作伙伴进而获得更多的网络资源。排名前 20 的专利申请人的接近中心度相差较小，表明低碳创新网络内部的创新主体之间的研发能力差异不大，没有显著的"控制"关系。

表 3.2　　　　低碳创新网络中前 20 位专利申请人的接近中心度

排序	专利申请人	接近中心度	排序	专利申请人	接近中心度
1	丰田自动车株式会社	0.358	4	日产汽车有限公司	0.340
2	丰田汽车有限公司	0.348	5	本田汽车有限公司	0.325
3	丰田汽车公司	0.345	6	电装公司	0.322

续表

排序	专利申请人	接近中心度	排序	专利申请人	接近中心度
7	住友电气株式会社	0.318	14	爱信株式会社	0.310
8	矢崎公司	0.314	15	松下公司	0.308
9	福特全球技术有限公司	0.312	16	住友电装株式会社	0.308
10	三菱汽车公司	0.312	17	丰田工业公司	0.306
11	三洋电机有限公司	0.312	18	铃木株式会社	0.306
12	福特全球技术有限责任公司	0.310	19	松下电器产业株式会社	0.306
13	爱信精机公司	0.310	20	日立汽车系统有限公司	0.304

资料来源：笔者整理绘制。

③中介中心度。中介中心度是用于测量网络中行动者对资源的控制水平的指标，通常用于描述行动者的媒介程度，即个体中心性。如果某个节点作为中介的次数最多，表明该节点处于网络枢纽，从不同渠道获取信息资源的机会更多，则中介中心性越大，如式（3-3）所示：

$$C_{ABi} = \sum_{j}^{n} \sum_{k}^{n} b_{jk}(i), j \neq k \neq i, j < k \qquad (3-3)$$

中介中心度是用来测量行动者对于网络资源的控制程度，该节点能在多大程度上控制与其他节点的联系。某一节点多次位于其他节点之间的最短路径上，表明该点的中介中心度较高。如表3.3所示，丰田自动车株式会社、日产汽车有限公司和戴姆勒股份公司等少数节点具有相对较大的中介中心度，说明这几家企业占据了低碳创新网络的中心位置，与其他创新主体相比较，中介中心度较大的创新主体能更为快速、准确地掌握低碳创新网络中的主要信息资源，处于网络优势位置有利于优质信息技术和合作伙伴的搜索，较高的网络声誉和网络权力有利于流通资源和合作关系控制，进而在低碳创新网络中发挥重要的中介作用。其他创新主体的中介中心度较低且数值接近，意味着这部分节点在低碳创新网络中不具有控制力，不能为所欲为。

表3.3　　　　　低碳创新网络中前20位专利申请人的中介中心度

排序	专利申请人	中介中心度	排序	专利申请人	中介中心度
1	丰田自动车株式会社	12.557	11	爱信精机公司	2.204
2	日产汽车有限公司	10.428	12	矢崎公司	1.854
3	戴姆勒股份公司	8.449	13	三菱汽车公司	1.778
4	丰田汽车公司	6.967	14	福特全球技术有限公司	1.020
5	松下公司	6.426	15	通用汽车全球技术运营公司	0.914
6	本田汽车有限公司	6.370	16	福特全球技术有限责任公司	0.829
7	丰田汽车有限公司	6.218	17	日立公司	0.779
8	罗伯特博世有限公司	3.231	18	住友电气株式会社	0.756
9	起亚汽车公司	3.231	19	三洋电机有限公司	0.688
10	电装公司	2.501	20	松下电器产业株式会社	0.530

3.3.2　低碳创新网络的网络关系

根据社会网络理论，社会中的经济组织与外界存在各种各样的社会联结，这些社会联结交织成社会网络。在低碳创新网络中，网络关系是通过创新主体的信息联络、沟通交流、产权转换等互动行为而形成的。网络关系用于衡量低碳创新网络节点之间的关联性，低碳创新网络由节点和节点之间的联结构成，异质性创新主体作为低碳创新网络的节点，创新主体之间的网络联结作为网络关系，是低碳创新网络的重要网络特征指标。所有创新主体间的网络关系特征将低碳创新网络的创新节点联系起来，为低碳创新网络特征指标赋予了关系特征。社会网络关系通常采用节点间距离进行描述，常用的包括低碳创新网络平均距离和欧氏距离。

（1）低碳创新网络平均距离

低碳创新网络平均距离指的是低碳创新网络内相互关联的节点间距离长度的平均值。近距离联结有助于创新主体之间信息的传输，知识传递成本降低，网络平均距离越小，知识损耗也将随之减少，网络具有较好的可达性。远距离联结有利于创新主体获得高质量的、有价值的异质性知识，距离过远会阻碍创新主体之间交流。低碳创新网络平均距离能够衡量低碳创新网络中创新主体建立联系的难易程度，即创新主体之间距离的平均值。整体网络中的距离区别于个体间的两点距离和创新主体间的心理距离，距离指的是图论或矩阵意义上的最短路径，本书采用创新主体间至少可以通过多少条边来建立关联作为低碳创新网络平均距离，记为 AD，平均距离与整体网络凝聚力呈正相关，平均距离接近 1 表明该网络与随机网络差异越大，网络区域化程度越高。低碳创新网络平均距离的计算如式（3 – 4）所示，其中 i 和 j 分别表示网络中的两个创新主体。

$$AD = 2 \sum_{i,j} D_{ij} / N(N-1) \tag{3-4}$$

利用 UCINET 软件对低碳创新网络的平均距离进行测算，得出低碳创新网络平均距离为 2.231，网络平均距离之上的凝聚力指数为 0.949，越高的凝聚力指数说明低碳创新网络整体上具有较强的凝聚力。

（2）欧氏距离（欧几里得度量 Euclidean Metric）

欧氏距离通过展现网络内部节点间的相似性来对网络关系进行描述，常用于测量网络内部节点间的距离。在社会网络研究中，欧氏距离指的是连接任意另两个节点需要跨越的最少联结数，即节点在网络拓扑图上的最短距离。低碳创新网络创新主体之间欧氏距离的计算如式（3 – 5）所示，其中，x_{id} 为创新主体 i 到创新主体 j 之间的网络关系值。

$$EM_{ij} = \sqrt{\sum_{d=1}^{n} \left[(x_{id} - x_{jd})^2 - (x_{di} - x_{dj})^2 \right]} \quad i \neq d, j \neq d$$

$$\tag{3-5}$$

利用 UCINET 软件对低碳创新网络的欧氏距离进行计算，再对计算结果进行描述统计，该低碳创新网络的欧氏距离的平均值 3.21，标准差 0.9403，最大值 5.568，最小值 0。低碳创新网络的欧氏距离展现的是创新主体之间的平均相似程度，距离越小，两点之间的相似性越大。基于全部创新主体欧氏距离的测算，将全部创新主体的欧氏距离求平均值，得到低碳创新网络创新主体之间的相似程度，按照降序排列，如表 3.4 所示。低碳创新网络中，两个创新主体之间的相似程度越高意味着二者距离比较接近，具有较为紧密的网络关系。同时，全部创新主体的平均相似程度代表构成元素视角下的网络关系，越大的平均距离表明网络内部较高的关联度。

表3.4　　　　低碳创新网络中前 20 位专利申请人的欧氏距离

专利申请人	平均值	标准偏差	最大值	最小值
丰田自动车株式会社	4.7619	0.93912	5.57	0
丰田汽车有限公司	4.3424	0.85968	5.1	0
丰田汽车公司	4.2555	0.82775	5	0
日产汽车有限公司	4.2114	0.67378	4.69	0
本田汽车有限公司	3.8051	0.62444	4.36	0
电装公司	3.7350	0.74890	4.69	0
戴姆勒股份公司	3.6226	0.84332	5.57	0
丰田工业公司	3.5308	0.69608	4.58	0
住友电气株式会社	3.4927	0.71554	4.47	0
矢崎公司	3.4497	0.63923	4.58	0
爱信精机公司	3.4265	0.63903	4.58	0
松下公司	3.3804	0.75147	4.47	0
松下知识产权管理有限公司	3.312	0.78967	4.36	0
爱信株式会社	3.3047	0.65456	4.36	0
松下知识产权管理公司	3.2844	0.80342	4.47	0
三菱汽车公司	3.2763	0.70417	4.8	0
松下电器产业株式会社	3.2402	0.72949	4.69	0
铃木株式会社	3.2098	0.63673	4.69	0
住友电装株式会社	3.2008	0.65149	4.58	0
三洋电机有限公司	3.1904	0.70123	4.58	0

3.3.3　低碳创新网络的主体特征

本书采用结构洞作为低碳创新网络主体特征的测量指标。个体网是由一个核心行动者和与之直接相连的全部行动者构成的网络，结构洞是个体网重要测量指标。波尔特（Burt，1992）最早通过"结构洞"来反映行动者之间的非冗余联系。社会网络分析中结构洞指标研究的是与自我相连接的节点间的关系，作为间断关系的桥接，结构洞的占据者能够接触到更多类别的异质性资源，掌握更多的网络关系，促进了知识和信息的扩散，提升了整体网络效率。鉴于资源的非冗余性，结构洞的占据者和接近者更容易获取异质性资源，因此，结构洞为占据者增添"信息"和"控制"双重利益，提升其竞争优势。结构洞的测量指标具体包括有效规模（effective size）、效率（efficiency）、限制度（constrain）和等级度（hierarchy），常采用限制度反映网络节点的结构洞指标，限制度越高说明节点从连接中越难撤出，故结构洞按限制度进行升序排名，限制度越小结构洞指标值越大，说明节点对于结构洞的利用率和控制度越高，如表3.5所示。

表 3.5 低碳创新网络中前 20 位专利申请人的结构洞

排序	专利申请人	有效规模	效率	限制度	等级度
1	丰田自动车株式会社	20.074	0.743	0.140	0.070
2	丰田汽车有限公司	14.709	0.669	0.176	0.085
3	丰田汽车公司	13.732	0.654	0.177	0.077
4	日产汽车有限公司	13.667	0.759	0.185	0.084
5	本田汽车有限公司	14.194	0.710	0.193	0.098
6	电装公司	7.286	0.520	0.255	0.038
7	戴姆勒股份公司	6.750	0.844	0.280	0.046
8	住友电气株式会社	5.083	0.424	0.296	0.018
9	丰田工业公司	4.818	0.438	0.326	0.042
10	爱信精机公司	6.342	0.634	0.331	0.075
11	矢崎公司	5.400	0.540	0.335	0.041
12	松下公司	4.235	0.471	0.359	0.047
13	爱信株式会社	3.889	0.432	0.381	0.031
14	住友电装株式会社	2.529	0.281	0.393	0.012
15	三洋电机有限公司	3.125	0.391	0.421	0.014
16	松下知识产权管理有限公司	3.000	0.375	0.426	0.029
17	住友布线系统有限公司	2.125	0.266	0.433	0.011
18	三菱汽车公司	4.333	0.722	0.436	0.140
19	铃木株式会社	3.538	0.505	0.465	0.033
20	松下电器产业株式会社	3.286	0.469	0.467	0.064

资料来源：笔者整理绘制。

在低碳创新网络中，丰田自动车株式会社、丰田汽车有限公司、丰田汽车公司、日产汽车有限公司和本田汽车有限公司的限制度相对较小，表明这些创新主体可以通过网络位置优势获取较多的创新资源，拥有大量的结构洞带来的网络信息优势和控制优势，控制优势会影响到低碳创新网络的稳定性，影响新能源汽车行业的创新产出和创新绩效。同时，这些企业的有效规模指标在低碳创新网络中相对较大，体现了以上创新主体在网络内部行动自由，拥有更多的非冗余关系。从效率指标上看，戴姆勒股份公司的效率最高，其网络行动最为有效，戴姆勒股份公司的限制度较小，说明该公司对结构洞有一定的应用控制能力。

3.3.4 低碳创新网络的网络特征

(1) 低碳创新网络的小世界效应

① 低碳创新网络集聚系数。通过针对低碳创新网络凝聚子群的分析探究具有相似性且紧密联系的创新主体间形成"小团体"的情况，凝聚子群分析指标包括低碳创新网络中的子群数量、子群之间的联系和创新主体之间的关系。本书采用集聚系数指标来进行凝聚子群分析。集聚系数指的是与某节点连接的其他节点之间的集结水平，表示网络内部创新主体之间的合作强度，度数中心度不小于 2 的节点可以计算集聚系数。若网络内部的全部创新主体都具有形成高密度子群的倾向，网络就具有显著的小世界性。基于新能源汽车行业的低碳创新网络整体集聚系数为 0.424，鉴于集聚系数无法体现连接节点的规模，因此，结合低碳创新网络中各个节点度数中心度的分布情况，度数中心度排名前 20 位专利申请人的集聚系数测度结果，如表 3.6 所示。低碳创新网络集聚系数 CC 的计算如式 (3-6) 所示。

$$CC = \sum_{i=1}^{N} C_{(i)} / N \qquad (3-6)$$

表 3.6　　　　　　　低碳创新网络中前 20 位专利申请人的集聚系数

排序	专利申请人	集聚系数	排序	专利申请人	集聚系数
1	丰田自动车株式会社	0.266	11	松下公司	0.583
2	丰田汽车有限公司	0.348	12	住友电装株式会社	0.806
3	丰田汽车公司	0.367	13	爱信株式会社	0.639
4	本田汽车有限公司	0.300	14	戴姆勒股份公司	0.179
5	日产汽车有限公司	0.255	15	三洋电机有限公司	0.696
6	电装公司	0.516	16	住友布线系统有限公司	0.839
7	住友电气株式会社	0.629	17	松下知识产权管理有限公司	0.714
8	丰田工业公司	0.618	18	福特全球技术有限公司	0.714
9	爱信精机公司	0.411	19	铃木株式会社	0.571
10	矢崎公司	0.511	20	松下电器产业株式会社	0.619

②小世界效应检验。小世界网络中，当平均距离较短时，节点获取信息资源的速度和准确度较高，传递过程中信息的损耗较少；当平均集聚水平较高时，节点之间相互了解彼此信任，合作更加频繁，增加创新主体对网络认可的需求度，有助于整体网络绩效的提升。关于低碳创新网络小世界效应的分析，采用沃茨和斯特罗伽茨（Watts and Strogatz，1998）的研究方法，将实际网络与同规模的随机网络的集聚系数和平均距离进行对比，$Ratio_{AMC}$ 为实际网络与随机网络的平均集聚系数的比值，$Ratio_{AD}$ 为实际网络与随机网络平均距离的比值，若 $Ratio_{AMC}/Ratio_{AD} \gg 1$，表明其具有显著的小世界效应。计算结果如表 3.7 所示，低碳创新网络的平均集聚系数大于随机网络的，低碳创新网络的平均距离大于随机网络，$Ratio_{AMC}$ 和 $Ratio_{AD}$ 的比值为 1.834。可见，基于新能源汽车行业的低碳创新网络具有一定的小世界效应，但不显著。

表 3.7　　　　　　低碳创新网络的平均集聚系数和平均距离

项目	实际网络	随机网络	Ratio
平均集聚系数（AMC）	0.424	0.194	2.185
平均距离（AD）	2.231	1.872	1.191

（2）低碳创新网络的无标度效应

无标度网络具有以下两个重要性质，一是增长性，即随着网络规模的扩大网络本身在持续演化，二是优先连接，新加入的节点倾向让连接具有更高度的节点，即马太效应。这两个性质导致了无标度网络的节点度分布非常不均匀，其中大多数节点具有较少连接，而少数节点具有较多的连接，网络中存在占据中枢位置的节点，并在整个低碳创新网络中发挥重要作用。由前面的图3.3可知，在低碳创新网络中，丰田自动车株式会社处于网络的非正式领导位置，丰田汽车有限公司、本田汽车有限公司、日产汽车有限公司位于低碳创新网络信息流通的枢纽位置，而标致雪铁龙汽车公司、比亚迪股份有限公司、采埃孚股份公司和奇瑞汽车有限公司在网络中没有连接，网络信息资源相对闭塞，表明低碳创新网络连接差异性较大、节点度分布不均匀。

无标度网络连接度服从幂律分布，即 $p(k) \propto k^{-\gamma}$，$p(k)$ 为度数为 k 的节点在网络中存在的概率，γ 为幂指数。当节点度服从幂律分布时，表明其具有无标度网络特征，可以通过累积度是否服从幂律分布来判定网络是否存在无标度特征，能够有效避免度分布尾部出现较大震荡幅度的胖尾情况，累积度指的是不小于 k 的节点分布概率，即 $p(k) = \sum_{j=k}^{\infty} p(j) \propto k^{-(\gamma-1)}$，当度分布服从幂律分布时累积度分布也服从指数相差1的幂律分布。在双对数坐标中，幂律分布呈斜率为幂指数的直线，累积度分布拟合曲线为斜率为幂指数 $\gamma-1$ 的直线（高霞和陈凯华，2015）。低碳创新网络的累积度分布曲线拟合曲线为直线，如图3.4所示，纵坐标为累积度概率，横坐标为各个节点度数，拟合系数 R^2 为 0.9094，表明幂函数与累积度分布曲线的拟合效果显著；如图3.5所示，在低碳创新网络的双对数累积度分布曲线上，纵坐标为累积度概率的自然对数，横坐标为各个节点度数的自然对数，幂指数 $\gamma=2.105$，说明低碳创新网络具有显著的无标度效应，节点度均服从幂律分布。

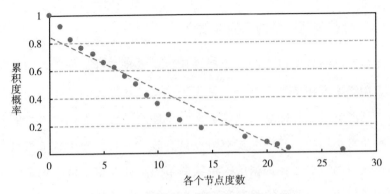

图 3.4　低碳创新网络的累积度分布曲线

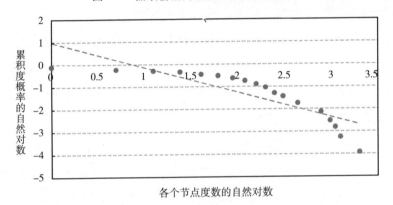

图 3.5　低碳创新网络的双对数累积度分布曲线（ln – ln）

3.4　本章小结

　　本章首先揭示了低碳创新网络形成的内外部动因，并从纵向组织、横向组织和政产学研中组织三个层面分析了低碳创新网络的形成机制，初步探究了低碳创新网络的形成过程。运用社会网络理论分析了基于新能源汽车行业的低碳创新网络形成过程，利用社会网络分析方法对低碳创新网络的要素进行了深入分析，结果显示基于新能源汽车行业的低碳创新网络具有显著的无标度效应，节点度均服从幂律分布。为下面基于社会网络理论的低碳创新网络作用机理与演化机理的研究奠定基础，为进一步打开低碳创新网络机理与创新效率评价的"黑箱"提供理论指导。

第 **4** 章

基于社会网络理论的低碳创新
网络作用机理研究

在第2章、第3章已经对低碳创新网络内涵和相关理论基础进行了界定和系统梳理，并对基于社会网络理论的低碳创新网络形成进行了深入分析。本章基于以上研究，从社会网络理论视角出发构建了一个系统性的低碳创新网络作用机理的分析框架，全面地涵盖低碳创新网络的节点层面、节点间关系层面和整体网络层面因素，将代表网络节点的主体特征、代表网络微观特征的网络关系和代表低碳创新网络宏观特征的网络结构纳入研究框架，并引入代表知识属性的知识共生，构建基于社会网络理论的低碳创新网络作用机理的概念模型，进一步探讨基于社会网络理论的低碳创新网络作用机理，以及知识共生在各因素与低碳创新网络之间的作用，全面打开基于社会网络理论的低碳创新网络作用机理的"黑箱"。

4.1 网络结构对低碳创新网络的作用

根据社会网络理论，网络结构可以通过网络规模、网络密度、网络中心性、网络异质性、网络效率和网络稳定性等变量进行描述，其中，网络规模、网络密度和网络中心性是用来衡量网络结构的基础性指标。同时，延续3.3.1节对基于新能源汽车行业低碳创新网络结构的分析，将网络结构测量指标划分为低碳创新网络规模、网络密度和网络中心性。

4.1.1 网络规模对低碳创新网络的作用

网络规模是指网络内部与焦点创新主体存在直接联系的合作创新伙伴数量，网络规模的大小与创新主体能够获取创新资源范围直接相关，对低碳创新网络存在重要的作用。第一，网络规模越大，网络关系越复杂多变，网络关系作为创新资源的载体本质上是创新主体的关系资源，创新资源通过各种网络关系进行转移和整合，拓宽了创新主体获得创新资源的途径，促进创新网络的发展（Castro et al.，2014）。第二，网络规模越大，越有利于创新主体实现技术研发的规模效应和掌握市场动态、技术信息，为其制定发展方向提供依据（Hoffmann，2007）。第三，网络规模越大，低碳创新网络中的焦点创新主体就占据了越多的结构洞位置，这意味着拥有了知识优势，增加了获取优质知识资源的可能性，提升积累吸收知识资源的速度，将成为低碳创新网络的信息汇聚地并起到"桥"的作用，为低碳创新活动提供支持，同时提升了合作伙伴对该创新主体的信任和依赖，降低了维护网络关系的成本。第四，网络规模越大，技术与知识的互补效果越显著，创新主体之间能够低成本地实现技术整合，提升整体创新能力以应对技术不断更新的挑战，在创新主体进行技术资源交换时，由于合作伙伴数量的增加，创新主体自身讨价还价能力得到提升，降低了交易费用（Lowik et al.，2012）。解学梅和左蕾蕾（2013）认为网络规模越大，合作伙伴越多，获得外部知识的渠道越多，网络开放性越高，网络成员之间的交流与合作越多，对网络发展具有促进作用。戴勇等（2018）研究发现网络规模决定了创新主体可获取创新资源多少。张保仓（2020）也认为网络规模与合作创新绩效正相关，促进显性知识资源的获取。此外，李海林等（2020）的实证结果也表明网络规模的良性增大有助于提高网络整体创新绩效，对网络发展具有促进作用。

同时，一些学者认为网络规模不是越大越好，一是过大的网络规模会增加创新主体的搜索成本，提高了对创新主体知识吸收和控制能力的要求，若知识流超出其能力范围，过大的网络规模对创新主体的创新活动产生负面作用；二是过大的网络规模导致繁杂的知识资源储备会湮没关键信息，增加了甄别信息的难度，有学者认为网络规模对创新网络具有倒"U"型作用（Faems，2012）。综上所述，本书认为网络规模大小尚未到达对低碳创新网络作用的拐点位置，扩大低碳创新网络规模仍有利于拓宽创新主体获取资源的范围、降低关系成本、实现创新规模效应，网络规模对低碳创新网络具有正向作用。

4.1.2 网络密度对低碳创新网络的作用

网络密度是测量低碳创新网络整体结构的指标之一，取决于网络的节点数与联系数量，网络密度的大小与创新主体间联系多少正相关，网络密度越大表明网络中创新主体知识获取与知识扩散的渠道越多。网络密度对低碳创新网络中创新主体间知识转移的深度与广度起决定性作用，高密度网络为信息的快速传播提供了网络环境，使得创新主体之间形成相互制约、信守承诺的保障制度，有利于减少创新主体对于合作中机会主义行为的顾虑，提升创新主体对于低碳创新的合作预期。高密度网络中，深入且广泛的知识转移克服了创新主体自身的创新资源约束，增加了新知识的获取机会，有助于进一步将自身知识体系进行整合。安和特（Anne and Ter，2013）认为较高的网络密度有助于知识在创新网络内部大范围地传播并降低创新主体的知识获取成本，有助于创新主体之间建立信任和分享缄默知识，提升创新主体的创新能力。知识资源的广度和丰富程度对新知识的产生具有推动作用，因此越有可能实现创新（张悦等，2016）。李国强等（2019）研究发现渐进式创新在一定程度上受合作网络密度的促进，实现突破式创新主要取决于合作网络密度，因此，无论选择何种创新方式都应与外部创新主体建立合作联系，建立高密度的合作网络。马艳艳和卢朝阳（2020）通过对东北三省产学研合作创新网络结构对创新产出影响的分析，总结出网络密度与创新产出显著正相关的研究结论。

同时，也有学者经研究发现，稀疏的网络更有利于低碳创新网络的发展。伯特（1992）在结构洞理论中指出高密度网络将给创新主体带来冗余关系与锁定效应，对网络内部的合作伙伴产生依赖，难以打破现有合作网络结构和寻找新的知识资源，阻碍了创新主体的发展。克雷斯波等（Crespo et al.，2014）研究中发现高密度网络中关系稳定，难以提供差异化知识，高密度网络降低组织异质性导致了技术锁定和创新不足。戴海闻等（2017）认为焦点企业在紧密的标准联盟网络中获得的知识高度相似，不利于企业获得非冗余的知识，紧密的网络阻碍了企业创新的发展，而稀疏网络中企业可以及时获取更为广泛的知识信息。陈旭等（2020）通过对知识网络密度、知识多样性与创新绩效作用关系的研究发现，企业的利用式创新绩效和整体创新绩效明显受知识网络密度的抑制，知识网络密度能够显著提高知识多样性。事实上，创新主体通过嵌入不同的创新网络克服高密度网络所形成的知识冗余（宋耘和王婕，2020），高密度网络和非冗余知识共同促进创新效益，本书认为网络密度对低碳创新网络具有正向作用。

4.1.3　网络中心性对低碳创新网络的作用

低碳创新网络中心性关注的是创新主体在低碳创新网络中的位置，网络中心性对低碳创新网络具有重要的促进作用。第一，创新主体在低碳创新网络中的中心性越强，合作伙伴的数量就越多，与合作伙伴之间的直接联系也越显著，其他网络成员通过该创新主体才能产生联系的情况越多，提高了信息传递效率，降低知识搜索成本，缩短了低碳创新网络创新主体间建立联系的路径。第二，低碳创新网络中心位置往往是各种信息的交汇处，为占据该位置的创新主体带来更多机会、更加快速地获得创新资源，网络中心位置能够显著提升创新主体知识容量的阈值，有利于保障创新主体可获取知识种类的多样性，有利于知识价值的辨别，网络内部其他成员会更加信赖与网络中心位置的创新主体进行合作创新。第三，网络中心位置创新主体的合作创新行为和创新结果会被网络成员广泛了解，能够督促该创新主体的合作态度和合作行为，以诚信为基础建立多重网络联结，拥有较高的网络关系质量有利于打破隐形知识转移的边界限制，有利于创新主体获得较高的地位与声誉，扩大合作创新范围，从而获取更多的异质性信息资源。克里斯蒂安和克里斯托费（Christian and Christophe，2012）分析了创新网络中丰田公司与供应商的位置关系，结果表明网络中心位置的创新主体可以和网络外部主体合作组成新的知识共享体系。克鲁斯·冈萨雷斯等（Cruz-Gonzalez et al.，2014）认为占据创新网络中心位置和丰富结构洞的创新主体可以获取更多的异质性信息，使得企业在创新网络多元化进程中更具优势。张悦等（2016）研究发现可以通过在网络内谋求中心位置来提升创新绩效。褚仑等（Chuluun et al.，2017）分析了网络中心性、网络集聚性等网络结构指标对创新及市场定价的影响机制，结果表明这些网络结构特征对创新投入和产出有重要的影响作用。

同时，与上述关于网络中心性对低碳创新网络作用关系研究结论不同，较高的网络中心性会给创新主体带来关系维护成本、路径依赖和创新意愿等因素的负面作用。首先，随着网络中心性的提高，创新主体在维护网络关系中需要投入人力、物力和时间等成本迅速膨胀，对网络产生负面作用；其次，创新主体更容易陷入思维惯性和路径依赖而形成锁定效应，易形成知识冗余将不利于创新主体的知识整合与转化，对创新主体的形成负担，阻碍创新主体开展低碳创新活动（Yi et al.，2016）；最后，创新主体为了维护网络权力可能会排斥引入非自己领域的新知识，以防止中心地位受到威胁，吸收新知识的意愿降低（Guan and Liu，2016）。郭建杰和谢富纪（2020）认为合作网络的中心位置能够促进知识获取、知识扩散以及知识转移，同时促进协同创新网络的发展。

综上所述，位于网络中心位置的创新主体作为低碳创新网络的"桥梁"掌控更多的信息和网络资源控制权力，能够获取更多的合作机会和垄断信息，在创新过程中发挥的主导性越强，形成绝对的创新优势，对低碳创新网络具有显著的促进作用，因此，本书认为网络中心性对低碳创新网络具有正向作用。

基于此，本书提出假设：

假设1：网络结构对低碳创新网络具有正向作用；

假设1a：网络规模对低碳创新网络具有正向作用；

假设1b：网络密度对低碳创新网络具有正向作用；

假设1c：网络中心性对低碳创新网络具有正向作用。

4.2　网络关系对低碳创新网络的作用

网络关系是指低碳创新网络中创新主体之间在知识转移、资源互换等活动中形成的各种关系之和。参考现有研究成果，本书将网络关系划分为网络关系强度与网络关系质量两个维度（吴松强，2017），网络关系强度关注低碳创新网络中创新主体间交流互动的频率和程度，包括创新主体之间的沟通时间、沟通频率以及合作深度等因素，网络关系质量关注低碳创新网络中创新主体是否拥有共同的目标、是否进行知识共享、是否彼此信任和尊重，包括创新主体通过合作形成的信任、稳定等情感因素。

4.2.1　网络关系强度对低碳创新网络的作用

低碳创新网络是由不同创新主体参与，共同完成新产品的设计开发、生产销售活动并实现低碳技术扩散，各个创新主体之间的互动形成了直接或间接的合作关系网络。网络关系强度的作用存在部分争议，主要集中在获取外部知识资源上，一些学者认为强网络关系是以创新主体之间的互利互惠为基础，能够增进理解、形成共识和建立信任，提升了创新主体的知识分享意愿与组织学习效率，强关系也表明创新主体之间交流频繁、关系密切，关系建立过程中的知识溢出与知识内化将有利于创新主体整合利用知识资源，同时，强关系有利于稳定创新主体与其利益相关者的关系，增加市场份额并降低了合作成本、提升创新成果转化率，进而实现知识资源共享和创新绩效的提升（刘学元，2016）。格兰诺维特（Granovetter，2001）认为在弱网络关系中能够提供更多的非冗余信息资源，突破现有知识体系，提升创新主体的创新能力和创新绩效。弱网络关系可以作为连接网络内部不同创新主体的桥梁来传递信息，增进创新主体之间的交流，较短的交流路径能够扩大新知识的接触范围。弱关系有利于创新主体获取异质性知识，丰富了网络内部创新资源类别，挖掘创新主体的创新潜力，弱关系作用下的主体联结相对比较松散。克拉茨和吉丁斯（Kraatz and Gittins，2014）也认为弱网络关系有利于提供更加新颖和广泛的知识并保障创新主体之间关系的动态弹性，增加创新主体获取知识资源的灵活性。除了外部知识获取上存在的争议，强网络关系有利于创新主体分担自身低碳创新风险、形成低碳技术互补、增加必要的知识产权保护作用（Rost，2011）。强网络关系促使创新主体加深了解、建立信任，形成合作惯例，有效减少合作过程中的机会主义行为，进而提高创新主体绩效。网络关系强度对创新绩效影响作用的存在争议是因为忽视了网络环境和创新主体自身性质的权变影响因素。中国环境背景的研究结论对网络关系的"强弱论"研究有着重要意义，珀克斯和张（Perks and Zhang，2009）研究发现网络关系因素对于中国高科技企业的研发和销售起到至关重要的作用。王燕妮等（2012）通过对汽车企业垂直创新网络的研究发现网络关系强度与创新绩效之间的正负相关关系是动态变化的，网络关系强度随着创新网络的演化而从弱关系转变为强关系。池仁勇（2007）研究发现中小企业的与其他节点构建联结对创新绩效的提升具有显著影响作用，其中，与学研机构的关系联结的影响最为重要。李明星等（2020）以江浙沪 A 股上市公司为对象研究发现网络关系强度对创新网络有显著正向作用。综上所述，考虑我国的创新环境和国内学者的研究结论，以及低碳创新网络中创新主体的性质各异并拥有不同类型的创新资源，而弱网络关系大多建立在企业间关系，本书认为低碳创新网络的创新主体之间应加强联系，建立网络成员之间的信任，与其他创新主体共享低碳技术前沿知识和低碳技术信息，加深彼此的合作，把握市场动态，充分利用优势创新资源进行技术研发。

4.2.2 网络关系质量对低碳创新网络的作用

在低碳创新网络中，创新主体之间信任关系的建立可以减少合作伙伴的机会主义倾向行为，降低低碳创新合作成本，有效避免组织之间的冲突。创新主体之间的信任主要来源于合作创新投入、合作经验、合作意愿、低碳创新能力、现有低碳技术成果以及技术前沿知识等，创新主体之间的信任关系可以有效提升低碳创新合作的关系质量，从而形成稳定的合作关系，增强创新主体之间的默契度，减少合作过程中的不确定性与分歧。低碳创新合作过程中创新主体之间的信任与依赖关系保障了低碳创新网络的稳定性，能够延长低碳创新合作的时间，增进创新主体之间的相互了解，促使低碳创新网络中的优质资源汇集形成知识网络，提高创新主体的低碳技术创新能力与网络合作经验，同时在低碳创新网络内部形成合作行为规则和规范，对创新主体的合作行为起到制约作用，构建了低碳创新的合作利益共同体，能够提高合作行为的一致性。

网络关系质量描述的是低碳创新网络创新主体间的信任和认知程度，如果创新主体在认知上存在差异或者彼此不信任，会阻碍低碳创新网络的知识扩散。因此，建立创新主体之间的信任关系，保证网络内部认知同步，可以促进创新主体的知识共享。信任是网络成员奠定互惠行为的基础，是提升低碳创新绩效的前提条件。低碳创新网络创新主体通过严格履行合作义务、克服认知障碍来建立信任，保持网络成员间良好的合作关系，提高外部知识获取和吸收能力。达纳拉吉和帕克赫（Dhanaraj and Parkhe，2006）指出稳定的网络有利于强化网络成员间的关系和提高知识获取能力。克曼尼和吉丁斯（Kermani and Gittins，2014）提出稳定的合作关系是学习型组织建立的前提条件，是促进创新成果产生的重要因素。徐建中和吕希琛（2014）证实了关系质量的关系耦合、关系交互和关系持久三个维度对创新绩效均存在正向影响作用，知识共享是关系质量和创新绩效之间的完全中介变量。王晓娟（2008）提出集群企业的知识网络关系质量与其创新绩效正向相关，关系质量与关系稳定性对创新网络均有正向影响作用。向丽和胡珑瑛（2020）研究发现研发外包中关系质量能够提高知识共享与知识转移水平、企业动态能力。

基于此，本书提出假设：

假设2：网络关系对低碳创新网络具有正向作用；

假设2a：网络关系强度对低碳创新网络具有正向作用；

假设2b：网络关系质量对低碳创新网络具有正向作用。

4.3 主体特征对低碳创新网络的作用

针对主体特征帕克赫（Parkhe，1991）认为联盟中组织之间存在属性上的差异并形成了主体间的相互作用模式，这种差异对合作时间与合作效率都有重要影响作用。主体特征包括两种形式：一种是创新主体自身正常存在的差异，是创新主体加入创新网络寻求合作创新的初衷，实现优势创新资源互补，促进低碳创新网络的形成；另一种是主体的特质性差异，影响创新主体的组织学习能力，对创新网络的稳定性存在负面作用。因此，本书认为主体特征是指低碳创新网络创新主体之间，在组织、目标和能力特征上的差异性。蒂姆等（Tim et al.，2014）将创新主体异质性划分为产业背景异质性、能力异质性与资源异质性，发现企业联盟投资组合中的创新主体异质性与突破性创新绩效呈倒"U"型相关，与渐进性创新绩效呈正相关。姜等（Jiang et al.，2010）将主体异质性划分为产业异质性、组织异质性与国家异质性，认为主体异质性会增加合作过程中的沟通的复杂性与成本，但是可以增加资源的获取范围。岳鹄等（2018）将创新主体差异性划分为组织类型差异、技术能力差异和目标差异，探究了组织差异、技术能力差异以及目标差异对开放式创新绩效的作用。基于以上研究，本书将主体特征划分为组织异质性、目标异质性与能力异质性三个维度，研究主体特征对低碳创新网络的影响。

4.3.1 组织异质性对低碳创新网络的作用

基于资源基础理论，组织异质性是指低碳创新网络中创新主体之间创新资源的差异化。不同类型的组织能够提供异质性创新资源与低碳创新能力，企业作为低碳创新网中重要的创新主体，在低碳创新活动中倾向于应用型研究创新资源，而作为非营利组织代表的学研机构和政府则会为低碳创新网络提供更多基础型、非竞争型的创新资源，在低碳创新合作过程中这两种类型的创新资源互为补充、彼此支撑。因此，组织异质性可以为创新主体带来更多的异质性创新资源，提高创新主体的外部创新资源利用率和创新效率，从而加深合作关系（Nieto and Santamaria，2007）。伯特（Burt，1992）提出具有异质性背景的主体在合作过程中能够提供多样化的知识以促进合作关系。现有研究表明组织异质性对产品质量、合作关系质量、企业绩效与研发绩效均具有正向调节作用（Terjesen et al.，2011；Raesfeld et al.，2012；焦媛媛，2017）。

同时，有学者研究认为组织异质性会导致管理成本的增加、沟通及合作难度提升，进而对低碳创新网络产生负面影响。基于交易成本理论，异质性组织间会存在不同的管理方式、决策目标等，将加大合作交流的难度，增加了管理成本。科林斯和瑞丽（Collins and Riley，2013）等研究证实了联盟投资组合多样性与创新绩效的倒"U"型相关关系的假设。列欧等（Leeuw et al.，2014）研究发现合作伙伴类型多样性与生产效率和突破式创新绩效呈倒"U"型相关，与渐进式创新绩效呈正相关。岳鹄等（2018）研究发现组织类型与技术能力差异性与开放式创新绩效呈倒"U"型相关。陈关聚和张慧（2020）从目标异质性、文化异质性和管理自主权异质性三个维度研究了组织异质性对合作创新绩效的作用。王冬玲（2020）认为合作伙伴多样性与创新绩效呈倒"U"型相关关系，当合作伙伴种类超过该转折点时，协调和搜索成本的增加导致合作收益降低。

综上分析，组织异质性与低碳创新网络之间的可能为非线性关系，组织异质性过低过高都会影响低碳创新网络，基于此，本书提出假设：

假设3a：组织异质性对低碳创新网络具有先正后负的倒"U"型作用。

4.3.2 目标异质性对低碳创新网络的作用

低碳创新网络中创新主体的合作目标各异，核心主体倾向于低碳技术革新和长期利益，其他主体往往更加重视短期效益（Nambisan and Baron，2013）。合作过程中，创新主体根据创新目标来配置创新资源，一致的创新目标有利于创新主体达成合作共识，彼此的合作行为和创新行为均有助于合作目标的实现，增进相互信任、提升绩效（Perks and Jeffery，

2006）。目标差异较大可能会使一些创新主体通过搭便车的方式取得低碳技术，诱发合作过程中的机会主义行为。创新主体优先考虑的是自身目标，还要认同共同合作目标，目标冲突则会增加合作成本影响合作中的价值创造，甚至导致合作关系破裂，可见，创新主体各自的目标对合作创新活动具有更高的要求，目标异质性将直接影响低碳创新网络的稳定性与持续性。石岩等（2017）研究发现组织危机能够调节组织目标对创新绩效的作用，当组织危机处于较低水平时，组织目标对创新绩效具有正向促进作用，当组织危机处于较高水平时，组织目标与创新绩效具有倒"U"型相关。岳鹄等（2018）、焦媛媛（2017）、陈关聚和张慧（2020）都认为目标异质性对合作创新具有负向效应。

结合现有研究成果，目标异质性对低碳创新网络主要有以下三个方面的影响，低碳创新网络中创新主体的目标异质性可能会引起误解或者冲突，造成紧张的合作氛围，影响低碳创新网络（Cantù et al.，2012）；目标异质性会使得创新主体在追求个体利益的同时忽视集体利益，损害低碳创新网络内部的信任关系，影响低碳创新网络（Storbacka and Nenonen，2011）；目标异质性会提高低碳创新网络的管理难度和成本，导致知识转移、创新资源共享和低碳技术扩散困难，进而影响低碳创新网络（Phelps，2010）。基于此，本书提出假设：

假设3b：目标异质性对低碳创新网络具有负向作用。

4.3.3 能力异质性对低碳创新网络的作用

能力异质性是对合作伙伴低碳技术能力差异的研究，是创新主体异质性的"质"的研究，是低碳创新合作的重要前提。"能力"是凝结在人员、组织、设备和信息中并以组织和人员为载体的所有技术与知识之和，是创新主体整合内外部知识创造新低碳技术，最终实现低碳技术创新和低碳技术扩散。具有异质性能力的创新主体能够提供的互补性资源与知识能够弥补合作伙伴的不足，在一定程度上促进低碳创新网络的网络关系。雷斯菲尔德等（Raesfeld et al.，2012）研究发现合作伙伴的价值链互补对项目的应用开发和商业绩效都存在显著的正向影响，而技术异质性与商业绩效呈正"U"型相关（Raesfeld et al.，2012）。伍特思等（Wuyts et al.，2004）也认为技术异质性与创新绩效之间是正"U"型相关。王金凤等（2021）基于生命周期理论，研究发现知识异质性与在成长期和成熟期对突破式创新绩效的作用不同。

当低碳创新网络中创新主体之间能力、知识、观念的重叠较多时，这种合作关系无法提供非冗余知识，对低碳创新网络产生负面作用（Cui and O'Connor，2013）。低碳创新网络中创新主体对于异质性的非冗余能力的搜索将催生新的网络联结关系，增加创新主体间的网络关系强度，多维度的知识特征将产生新的知识结构，激发高价值的创新成果。随着低碳创新网络中创新主体的能力异质程度的增加，创新主体之间知识吸收与应用的能力下降，创新主体需要充分利用资源来整合、吸收异质性知识与技术，合作创新的成本随之提高。当能力异质性到过一个阈值时，创新主体自身认知能力与学习经验的不足将限制其对异质性元素的理解能力，因此，与高度能力异质性创新主体的合作将导致创新主体的超量负荷甚至低碳创新的规模不经济。综上所述，当低碳创新网络创新主体间能力异质性达到特定的阈值后，合作成本、知识吸收成本都将大幅度提升。现有研究表明，能力（知识、技术）异质性与创新绩效呈倒"U"型相关（杨磊和侯贵生，2020；Szulaski，2000）。基于此，本书提出假设：

假设3c：能力异质性对低碳创新网络具有先正后负的倒"U"型作用。

4.4　知识共生对低碳创新网络的作用

4.4.1　知识共生的直接作用

知识共生是对低碳创新网络创新主体间知识信息的内容匹配程度和共存关系的客观描述和评价，基于创新主体之间的互动不断调整自身知识与其他创新主体知识系统间的关系，最终实现异质性知识的整合与新知识的创造，即对创新主体内外部知识进行获取、解构、整合与转化。根据现有研究（赵健宇等，2019；Mitsuhashi and Min，2016），本书将知识共生划分为知识互补和知识兼容，知识互补是指异质性创新主体在低碳创新网络中贡献知识的异质性程度，这些知识在基础、内容和应用上相互联系又存在差异，知识结合后可以提升知识的边际收益（Newbert and Tornikoski，2013）；知识兼容是指创新主体自身具备的同类别知识或发展同类别知识的能力，知识结合后可以降低研发成本和提升低碳创新效率，从而获得短期低碳创新收益，是低碳创新网络维持异质性知识共生的必要条件（Mohaghar et al.，2012；Yayavaram and Ahuja，2008）。创新主体可以通过获得其他主体的知识克服自身知识约束，填补知识缺口，是创新主体进入低碳创新网络的非经济性知识交易前提（Mindruta，2016）。互补性知识具有异质性和可理解性，异质化程度越高意味着知识结合后产生质变的可能性越大（谢宗杰，2015），而可理解性提升了知识接受主体的理解程度和跨组织知识分享意愿，降低知识获取和吸收的难度与成本，对网络具有积极作用。在低碳创新网络中，创新主体对新知识、新技术的理解需要一个共同的参照物，知识兼容蕴含的知识理解和技术经验能够抵消知识的隐匿性，对于创新主体理解新的低碳技术具有重要作用。知识兼容保障了知识在整合过程中不脱离原有知识体系，同时避免了创新主体在合作过程中无利可图的可能性（Rogan，2014），促进了创新主体之间的相互学习（Sullivan，2011）。赵健宇等（2020）研究发现知识互补和知识兼容能够显著促进战略联盟结构升级。普拉姆和哈森克（Plum and Hassink，2011）认为以知识互补和知识兼容结合的知识共生是研究合作创新网络和提高合作创新网络协同绩效的重要因素。基于此，本书提出假设：

假设4：知识共生对低碳创新网络具有正向作用；

假设4a：知识互补对低碳创新网络具有正向作用；

假设4b：知识兼容对低碳创新网络具有正向作用。

4.4.2　知识共生的中介作用

现有研究大多选择吸收能力（Subramanian and Soh，2017）、组织学习能力（谢洪明等，2014）和知识整合能力（梁娟和陈国宏，2019）等作为网络关系与创新网络间的中介变量进行解释，然而无序的、分散的、冗余的知识无法在创新主体的知识体系中体现价值，只有将外部知识整合、再创造形成新的知识体系才能促进创新主体核心竞争力的提升（Ritala，2013），因此，这类研究设计忽视了创新主体自身知识与外部获取知识的匹配问题。塞姆普森（Sampson，2007）认为合作伙伴之间中等相似程度的知识基础最有利于企业间的知识转移与知识创造。创新主体双方既能兼容又互为补充的知识体系状态即为知识共生，当创新主体自身知识与外部获取知识具有共生性时，不同属性、结构、性质的知识能够有效结合而成新架构、新工艺、新概念或者新技术，巩固创新主体开展创新活动的知识资源基础，进而提升创新产出（Laursen and Masciarelli，2012）。如果创新主体双方知识重叠程度很高，彼此没有相互学习的必要，知识重叠程度很低时双方存在沟通障碍，以至于无法相互学习，知识共生为创新主体提供了相互学习的机会，并激发低碳技术创新的新创意，提高创新主体的低碳技术创新能力。因此，本书选择知识共生作为网络关系与低碳创新网络之间的中介变量。

网络关系决定了创新主体的外部知识获取来源，但创新主体最终能够从外部知识中学习到什么取决于现有知识与外部知识的共生程度，知识共生增强了外部知识的适用程度，进而提升了创新主体的新知识利用能力和创新产出水平（Randhawa et al.，2017）。在低碳技术日益相互关联的创新背景下，低碳创新越来越依赖创新网络的知识共生，与合作创新主体增强网络关系强度和网络关系质量有助于共生性知识的识别与获取，若创新主体以获取共生性知识作为合作网络战略而获得的创新绩效将高于合作网络战略为获取全部异质性知识的创新主体。同时，知识的互补程度是创新主体决定是否建立和维持合作关系的关键因素，知识互补性的期望收益对于创新主体获取新知识的意愿具有促进作用，推动创新网络突破创新阈值（Speckbacher et al.，2014）。瑞塔拉和赫梅林娜·劳卡宁（Ritala and Hurmelinna-Laukkanen，2013）认为企业通过与其他创新主体合作能够显著提升企业的外部知识资源获取能力，加强企业知识边界的拓展性，促进合作企业间知识的转移、应用和再创造。宋耘和王婕（2020）研究发现，知识互补性在企业创新绩效受联系强度影响的过程中起到部分中介作用。知识共生不但可以满足创新所需的知识异质性，还能把知识异质性控制在创新主体现有知识基础的理解范畴里，有助于内外部知识的有效整合。综上所述，创新主体自身的知识与通过合作获得的外部知识之间的共生情况是影响低碳创新网络的重要因素，基于此，本书提出假设：

假设5：知识共生是网络关系与低碳创新网络的中介变量；

假设5a：知识共生是网络关系强度与低碳创新网络的中介变量；

假设5b：知识共生是网络关系质量与低碳创新网络的中介变量。

4.4.3　知识共生的调节作用

低碳创新网络组织异质性可以为创新主体提供更多的异质性创新资源，但是创新主体难以充分利用分散的、冗余的知识资源使其充分发挥其价值，抑制了组织异质性的影响作用，但是，知识共生能够推动创新主体有目的、有选择地从获取的知识资源中填补自身的知识缺口，理解、转化、充分利用知识，降低创新主体的合作交易成本，增强异质性创新主体之间相互学习的机会，完善低碳创新网络的知识共享和理解机制。因此，知识共生能够提升低碳创新网络的组织异质性作用的拐点。

低碳创新网络目标异质性可能会诱发创新主体"搭便车"的机会主义行为，目标冲突将直接影响低碳创新网络的稳定性。知识共生能够降低利益相关创新主体之间的信息不对称、减少矛盾（Yidiz and Fey，2010），知识共生也能从主观意愿上促使创新主体改变过分追求知识与利益私有化的思维方式和合作目标，增进低碳创新网络创新主体自我实现的预期均衡。创新主体在合作中会因知识互补而感受到对方真诚的合作态度，知识互补也能够提升低碳创新网络整体合作的透明度、回避机会主义的行为、减少因知识信息不对称而导致的知识泄露风险（Vlaisav-ljevic et al.，2016）。同时，知识兼容能够促使异质性创新主体间知识更好的融合，提高异质性创新主体间知识的透明度和知识结构柔性，有利于降低目标异质性的负面影响。因此，知识共生能够调节低碳创新网络的目标异质性的负向作用。

低碳创新网络能力异质性提供的差异化低碳技术、知识资源能够弥补创新主体自身能力的不足，但过多的资源会增加合作成本和管理难度。知识共生可以克服多元的、异质性知识间的无法快速结合的分立缺陷，最大限度地挖掘和利用隐性知识价值，激发创新主体参与合作的主动性。创新主体获取的互补性知识能够填补知识体系缺口，提高其知识吸收、整合和利用能力，驱动创新主体在更多低碳技术上展开合作创新。知识兼容是低碳创新网络内部异质性知识共生的前提条件，知识的重叠促使创新主体之间相互学习整合异质性知识，同时为提升创新绩效提供内驱动力。因此，知识共生能够提升低碳创新网络的能力异质性作用的拐点。

基于以上分析，本书提出假设：

假设6：知识共生在主体特征与低碳创新网络之间的关系中起到调节作用；

假设6a：知识互补在组织异质性与低碳创新网络之间的关系中起到调节作用；

假设6b：知识互补在目标异质性与低碳创新网络之间的关系中起到调节作用；

假设6c：知识互补在能力异质性与低碳创新网络之间的关系中起到调节作用；

假设6d：知识兼容在组织异质性与低碳创新网络之间的关系中起到调节作用；

假设6e：知识兼容在目标异质性与低碳创新网络之间的关系中起到调节作用；

假设6f：知识兼容在能力异质性与低碳创新网络之间的关系中起到调节作用。

4.5 基于社会网络理论的低碳创新网络作用机理的概念模型

根据上述总结分析，本书提出基于社会网络理论的低碳创新网络作用机理的 23 个研究假设，具体如汇总表 4.1 所示。

表 4.1　　　　　　　　　　　研究假设汇总表

假设编号	假设内容
假设 1	网络结构对低碳创新网络具有正向作用
假设 1a	网络规模对低碳创新网络具有正向作用
假设 1b	网络密度对低碳创新网络具有正向作用
假设 1c	网络中心性对低碳创新网络具有正向作用
假设 2	网络关系对低碳创新网络具有正向作用
假设 2a	网络关系强度对低碳创新网络具有正向作用
假设 2b	网络关系质量对低碳创新网络具有正向作用
假设 3a	组织异质性对低碳创新网络具有先正后负的倒 "U" 型作用
假设 3b	目标异质性对低碳创新网络具有负向作用
假设 3c	能力异质性对低碳创新网络具有先正后负的倒 "U" 型作用
假设 4	知识共生对低碳创新网络具有正向作用
假设 4a	知识互补对低碳创新网络具有正向作用
假设 4b	知识兼容对低碳创新网络具有正向作用
假设 5	知识共生是网络关系与低碳创新网络的中介变量
假设 5a	知识共生是网络关系强度与低碳创新网络的中介变量
假设 5b	知识共生是网络关系质量与低碳创新网络的中介变量
假设 6	知识共生在主体特征与低碳创新网络之间的关系中起到调节作用
假设 6a	知识互补在组织异质性与低碳创新网络之间的关系中起到调节作用
假设 6b	知识互补在目标异质性与低碳创新网络之间的关系中起到调节作用
假设 6c	知识互补在能力异质性与低碳创新网络之间的关系中起到调节作用
假设 6d	知识兼容在组织异质性与低碳创新网络之间的关系中起到调节作用
假设 6e	知识兼容在目标异质性与低碳创新网络之间的关系中起到调节作用
假设 6f	知识兼容在能力异质性与低碳创新网络之间的关系中起到调节作用

　　基于上述研究假设进行推理分析，本书以低碳创新网络为研究内容，从网络结构、网络关系、主体特征、知识共生出发，构建了基于社会网络理论的低碳创新网络作用机理概念模型，如图 4.1 所示。

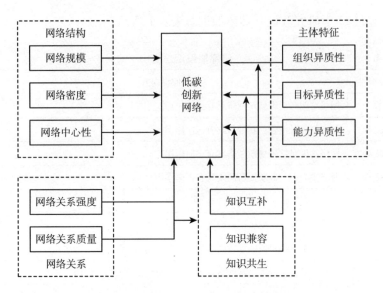

图 4.1 基于社会网络理论的低碳创新网络作用机理的概念模型

4.6 基于社会网络理论的低碳创新网络作用机理的实证分析

4.6.1 量表设计与变量测度

根据研究假设和量表设计的一般程序，构建了基于社会网络的低碳创新网络作用机理研究中涉及的变量的测量量表，为获取可视化实证数据奠定基础。量表设计的效果对实证分析的有效性产生直接作用，为了保证测量工具的信度和效度，本书将主要借鉴国内外公开发表相关文献的权威量表，结合国内制造企业的是实际情况，综合制造企业实地走访与相关领域学者的意见，最大限度契合本书的需要，确定各个变量的具体测量问题和理论来源。基于此，进一步对哈尔滨商业大学的 MBA、EMBA、MPA、专业硕士以及工程硕士中制造企业管理层领导学员 52 人开展小样本预调查。参照预调查结果对量表进行修正，分析预调查结果的 Cronbachα 值、KMO值均通过检验（信度与效度检验步骤见 4.6.3），根据被试在访谈中反馈的信息对量表进行调整形成最终的调查问卷。本书问题设计采用 7 点李克特量表，涉及的概念包括网络结构、网络关系、主体特征、知识共生和低碳创新网络。相关作用机理的概念模型如图 4.1 所示。

（1）解释变量

① 网络结构。网络结构设定网络规模（WLGM）、网络密度（WLMD）和网络中心性（WLZX）3 个维度进行测量。网络规模（WLGM）用来考察与被调查创新主体存在直接联系的合作创新伙伴数量，在现有研究基础上（刘宇等，2019；Hoffmann，2007），设计了 4 个题项（WLGM1 ~ WLGM4）。网络密度（WLMD）主要考察创新主体与合作伙伴之间的沟通密度和传播密度，宋耘和王婕（2020）与法尔奇和麦克尼利（Falci and Mcneely，2009）的研究，设计了 4 个题项（WLMD1 ~ WLMD4）。网络中心性（WLZX）主要考察创新主体的度数中心性与中介中心性，综合巴贾尔语和刘（Batjargal and Liu，2004）与彭伟和符正平（2015）的研究，设计了 4 个题项（WLZX1 ~ WLZX4），如表 4.2 所示。各题项采用 7 点李克特量表分制，分数越高表明低碳创新网络受网络结构的作用越大。

表 4.2　　　　　　　　　　网络结构的测量量表

变量名称	二级维度	编号	测量题项	参考文献
网络规模		WLGM1	合作伙伴中有很多同行业创新主体	刘宇等（2019）；霍夫曼（Hoffmann，2007）
		WLGM2	合作伙伴中有很多供应商和客户	
		WLGM3	合作伙伴中有很多高校与研究机构	
		WLGM4	合作伙伴中有很多中介机构	
网络密度	沟通密度	WLMD1	企业与合作伙伴间联系非常频繁	宋耘和王婕（2020）；法尔奇和麦克尼利（Falci and Mcneely，2009）
		WLMD2	企业与合作伙伴间联系非常广泛	
	传播密度	WLMD3	新知识或技术在低碳创新网络内传播速度非常快	
		WLMD4	新知识或技术在低碳创新网络内能够大范围传播	
网络中心性	度数中心性	WLZX1	企业在低碳创新网络中占据重要地位	巴贾尔语和刘（Batjargal and Liu，2004）；彭伟和符正平（2015）
		WLZX2	企业在低碳创新网络中拥有较多的合作伙伴	
	中介中心性	WLZX3	企业为合作伙伴提供了新的合作机会	
		WLZX4	企业为合作伙伴传递知识和信息	

② 网络关系。网络关系设定网络关系强度（GXQD）和网络关系质量（GXZL）2个维度进行测量。网络关系强度主要考察网络关系中的接触时间、投入资源和合作交流范围，综合宋耘和王婕（2020）、马斯登和康白尔（Marsden and Campbell，2012）的研究，设计了6个题项（GXQD1～GXQD6）；网络关系质量主要考察网络关系的交互度与持久度，借鉴海德（Heide and John，1990）、巴克和卡马拉塔（Barke and Camarata，1998）和吕希琛（2015）的研究，设计了4个题项（GXZL1～GXZL4），如表4.3所示。各题项采用李克特量表7分制，分数越高表明低碳创新网络受网络关系的作用越大。

表4.3　　　　　　　　　网络关系的测量量表

变量名称	二级维度	编号	测量题项	参考文献
网络关系强度	接触时间	GXQD1	企业与合作伙伴建立多年的合作关系	宋耘和王婕（2002）、刘学元等（2016）、马斯登和康白尔（Marsden and Campbell，2012）
		GXQD2	企业与合作伙伴间的交流非常频繁	
	投入资源	GXQD3	合作中投入了大量的人财物等有形资源	
		GXQD4	合作中投入了大量的人财物等社会资源	
	合作交流范围	GXQD5	企业与合作伙伴的交流涉及生产、技术、营销等方面	
		GXQD6	企业与合作伙伴之间开展了多个项目的合作	
网络关系质量	关系交互度	GXZL1	企业与合作伙伴间的沟通是有效果且高效的	海德和约翰（Heide and John，1990）；巴克尔和卡马拉塔（Barker and Camarata，1998）；吕希琛（2015）
		GXZL2	企业与合作伙伴共同解决过合作中的难题	
	关系持久度	GXZL3	企业与合作伙伴间的合作关系持久	
		GXZL4	企业与合作伙伴的合作关系稳固	

③ 主体特征。主体特征设定组织异质性（ZZYZ）、目标异质性（MBYZ）和能力异质性（NLYZ）3个维度进行测量。组织异质性（ZZYZ）主要考察低碳创新网络内部创新主体的差异性和多样性，借鉴拉薇（Lavie，2012）和婆罗汀和吴（Pangarkar and Wu，2013）的研究，设计了4个题项（ZZYZ1～ZZYZ4）；目标异质性主要考察低碳创新网络内部创新主体的目的异质性和观念异质性，借鉴科萨罗和斯涅何塔

（Corsaro and Snehota，2011）和焦媛媛（2017）的研究，设计了4个题项（MBYZ1～MBYZ4）；能力异质性主要考察低碳创新网络内部创新主体的技术异质性和知识异质性，借鉴李等（Lee et al.，2010）和叶江峰等（2015）的研究，设计了4个题项（NLYZ1～NLYZ4），如表4.4所示。各题项采用李克特量表7分制，分数越高表明低碳创新网络受主体特征的作用越大。

表 4.4　　　　　　　　　主体特征的测量量表

变量名称	二级维度	编号	测量题项	参考文献
组织异质性	主体差异性	ZZYZ1	企业与合作伙伴的业务类型存在较大差异	拉薇等（Lavie et al.，2012）；婆罗汀和吴（Pangarkar and Wu，2013）
		ZZYZ2	合作伙伴的主营业务产业链较为多元化	
	主体多样性	ZZYZ3	合作伙伴中包含非企业组织	
		ZZYZ4	合作伙伴的地理区域分布较广	
目标异质性	目的异质性	MBYZ1	企业与合作伙伴的创新目标难以相容	科萨罗和斯涅何塔（Corsaro and Snehota，2011）；焦媛媛（2017）
		MBYZ2	企业与合作伙伴难以互相支持对方的目标	
	观念异质性	MBYZ3	企业与合作伙伴在技术难题上存在较大分歧	
		MBYZ4	企业与合作伙伴在工作价值观上存在较大差异	
能力异质性	技术异质性	NLYZ1	企业与合作伙伴间涉及的技术领域存在较大差异	李等（Lee et al.，2010）；叶江峰等（2015）
		NLYZ2	企业与合作伙伴间的专利申请门类存在较大差异	
	知识异质性	NLYZ3	企业与合作伙伴的知识型员工的教育背景、知识储备以及管理能力存在较大差异	
		NLYZ4	企业对合作伙伴的知识能够有效整合	

④知识共生。知识共生（ZSGS）包含知识互补（ZSHB）和知识兼容（ZSJR）两个维度，主要参考宋耘和王婕（2020）、赵健宇等（2020）、米尔格罗姆和罗伯特（Milgrom and Roberts，1995）关于知识互补、知识兼容及知识共生的研究，针对知识互补设计了3个题项（ZSHB1～ZSHB3），知识兼容设计了3个题项（ZSJR1～ZSJR3），如表4.5所示。各题项采用李克特量表7分制，分数越高表明低碳创新网络受知识共生的作用越大。

表 4.5　　　　　　　　　知识共生的测量量表

变量名称	二级维度	编号	测量题项	参考文献
知识共生性	知识互补性	ZSHB1	合作伙伴常给技术研发带来新的启发	宋耘和王婕（2020）；赵健宇等（2020）；米尔格罗姆和罗伯特（Milgrom and Roberts,1995）
		ZSHB2	合作伙伴的知识能够满足自身知识需求	
		ZSHB3	企业与合作伙伴的知识交换能够提高知识收益	
	知识兼容性	ZSJR1	企业与合作伙伴有不同类型的知识间融合	
		ZSJR2	企业与合作伙伴的知识拥有较高的理解度	
		ZSJR3	企业与合作伙伴的知识体系具有明显的知识重叠	

（2）被解释变量

结合低碳创新网络的概念，针对本章的调查研究对象制造企业，从制造企业创新投入和创新产出两个维度设计低碳创新网络的测量量表。根据 R&D 投入和非 R&D 投入对制造企业的创新投入进行衡量，按照不同创新阶段的创新产出从论文产出、专利产出和新产品产出对制造企业的创新产出进行衡量。参考王婕和宋耘（2020）、杨博旭等（2019）的研究量表，针对低碳创新网络的投入产出情况设计了 6 个题项（CXWL1 ~ CXWL6），如表 4.6 所示。各题项采用李克特量表 7 分制量表度量低碳创新网络。

表 4.6　　　　　　　　　低碳创新网络的测量量表

变量名称	二级维度	编号	测量题项	参考文献
低碳创新网络	创新投入	CXWL1	企业投入大量的 R&D 人员	王婕和宋耘（2020）；杨博旭等（2020）
		CXWL2	企业投入大量的 R&D 经费	
		CXWL3	企业生产过程投入大量的能源	
	创新产出	CXWL4	企业与学研机构合作中发表很多的科技论文	
		CXWL5	企业合作申请了很多的发明专利	
		CXWL6	企业合作开发新产品销售额占总销售额的比重很大	

（3）控制变量

低碳创新网络还会受到上述之外的变量作用，这些变量不是本书的关注重点但可能会对低碳创新网络产生作用，为了准确分析所筛选变量对低碳创新网络的作用效果，必须在回归模型中将这些变量控制。参考菲尔普斯等（Phelps et al.，2010）、张等（Zhang et al.，2015）和贝尔德伯斯等（Belderbos et al.，2006）研究中控制变量的选取标准，选择企业规模（QYGM）、企业年龄（QYNL）、企业类别（QYLB）、教育程度（JYCD）和被试年龄（BSNL），如表4.7所示。其中，企业规模（QYGM）用职工人数的自然对数值表示；企业年限（QYNX）用企业成立年限的自然对数值表示；企业类别（QYLB）用自然数0、1和2分别表示；教育程度（JYCD）用自然数1、2和3分别表示；被试年龄（BSNL）用自然数1、2、3分别表示。

表4.7 控制变量维度选取

变量名称	编号	维度	参考文献
控制变量	QYGM	企业规模	菲尔普斯等（Phelps et al.，2010）；张等（Zhang et al.，2015）；贝尔德伯斯等（Belderbos et al.，2006）
	QYNX	企业年限	
	QYLB	企业类别	
	JYCD	教育程度	
	BSNL	被试年龄	

4.6.2 样本选择与数据收集

（1）样本选择

鉴于研究实际情况，调查范围确定为国内具有一定规模的、对环境作用较大的制造业，参照证监会的行业分类，从国泰安数据库中选取制造企业中有详细通信地址和联系方式的上市公司。为了获得数量充足的调查样本和高质量的调查问卷以保证研究结论的客观和真实性，本章通过以下两个渠道发放调查问卷，直接向上述上市公司发放纸质问卷、网络电子问卷或者电话沟通、邮件等方式进行调查，避免现场发放调查问卷的区域限制。由于本书问卷内容涉及制造企业的合作战略与经营活动，问卷调查对象的选择上尽量要求已在本企业工作三年以上的、熟知企业合作情况的相关中高层管理人员。为避免获得重复数据影响调研结果，在发送调研问卷过程中确保每个被试来自不同的企业。为了防止诱导性假设和因果暗示，问卷将低碳创新网络放在自变量、中介变量和调节变量题项之后。为了避免调查对象出现主观记忆偏差，问卷中的题项均针对制造企业现阶段的情况。

（2）数据收集

在 2018 年 3 月至 7 月通过上述方式发放 402 份调查问卷，共计回收匿名问卷 347 份，回收率为 86.3%，其中包含 29 份无效问卷，将其剔除，最终获得 318 份有效问卷，有效回收率为 79.1%。采用调查问卷形式开展的实证研究中样本数应控制为变量数的 5～10 倍，总数需超过 150 份，因此，本书的有效问卷数量 318 份较为理想，符合实证研究的要求。如果收集的调查问卷中网络规模的四个题项答案均为 1（几乎没有），表明该制造业企业不存在低碳创新合作行为，即不在低碳创新网络中，不在本次问卷调查范围内，将作为无效问卷予以剔除。

经统计分析的样本特征分布情况如表 4.8 所示，在收集的 318 份有效问卷中，样本主要分布在全国的 30 个省（区、市）。从样本所在制造企业规模来看，职工人数少于 500 人企业占 56.29%，27.36 的企业职工人数在 501～1 000 人，16.35% 的企业职工人数超过 1 000 人；从样本所在制造企业年龄来看，19.81% 的企业成立 5 年以下，30.82% 的企业成立 5～10 年，25.79% 的企业成立 11～20 年，23.58% 的企业成立 20 年以上；从样本所在制造业的所有制类型来看，41.51% 的企业属于国有或国有控股，36.79% 私营或民营控股；被试性别中 70.13% 为男性，29.87% 为女性；从被试的年龄来看，30～45 周岁的被调查者占比最大为 45.91%，45 周岁以上的被调查者次之为 35.53%，30 周岁以下的被调查者最少为 18.55%；从被试的受教育程度来看，49.37% 的被试拥有硕士学位，38.99% 的被试拥有学士学位及以下，11.64% 的被试拥有博士学位；被试工作年限上，69.82% 的被试工作 10 年以上，5 年以下仅占 10.69%。综上所述，被调查者对企业具有一定的了解和相关知识基础，样本具有较为明确的分离度和广泛的代表性，适合进一步的模型验证。

表 4.8　　　　　　　　　　样本企业特征统计表 （n = 318）

指标	指标特征	样本量	百分比（%）	累计百分比（%）
企业规模	100 人以下	71	22.33	22.33
	100 ~ 500 人	108	33.96	56.29
	501 ~ 1 000 人	87	27.36	83.65
	1 000 人以上	52	16.35	100.00
企业年限	5 年以下	63	19.81	19.81
	5 ~ 10 年	98	30.82	50.63
	11 ~ 20 年	82	25.79	76.42
	20 年以上	75	23.58	100.00
所有制类型	国有/国有控股	132	41.51	41.51
	私营/民营控股	117	36.79	78.30
	其他	69	21.70	100.00
行业类型	通用设备制造业	25	7.86	7.86
	专用设备制造业	37	11.64	19.50
行业类型	石油加工炼焦及核燃料加工业	16	5.03	24.53
	造纸及纸制品业	31	9.75	34.28
	金属制品业	19	5.9	40.25
	交通运输设备制造业	46	14.47	54.72
	电气机械及器材制造业	114	35.85	90.57
	化学燃料及化学品制造业	22	6.92	97.48
	其他制造行业	8	2.52	100.00
性别	男	223	70.13	70.13
	女	95	29.87	100.00
年龄	30 岁以下	59	18.55	18.55
	30 ~ 45 岁	146	45.91	64.47
	45 岁以上	113	35.53	100.00
学位	学士学位及以下	124	38.99	38.99
	硕士学位	157	49.37	88.36
	博士学位	37	11.64	100.00
工作年限	5 年以下	34	10.69	10.69
	5 ~ 10 年	62	19.50	30.19
	11 ~ 20 年	129	40.57	70.75
	20 年以上	93	29.25	100.00
职位	中层管理人员	204	64.15	64.15
	高层管理人员	114	35.85	100.00

4.6.3　信度与效度检验

（1）变量测量数据的描述性统计

基于对调查问卷基本信息的统计，在正式进行实证研究之前先对变量测量数据进行描述性分析，如表4.9所示。平均值最小为3.01，最大为4.98，标准差最小为1.055，最大为1.487，说明样本数据具有较好的离散性和区分度，适宜开展进一步的实证研究。

表 4.9　　　　　　　　　　　描述性统计表

变量		平均值	标准差	变量		平均值	标准差
网络规模	WLGM1	3.95	1.146	网络关系强度	GXQD1	4.75	1.355
	WLGM2	4.20	1.267		GXQD2	4.68	1.376
	WLGM3	4.15	1.126		GXQD3	4.76	1.235
	WLGM4	3.79	1.219		GXQD4	4.68	1.240
网络密度	WLMD1	4.80	1.306		GXQD5	4.69	1.383
	WLMD2	4.74	1.111		GXQD6	4.75	1.336
	WLMD3	4.76	1.245	网络关系质量	GXZL1	4.04	1.307
	WLMD4	4.88	1.162		GXZL2	4.15	1.264
网络中心性	WLZX1	4.96	1.267		GXZL3	3.96	1.073
	WLZX2	4.60	1.154		GXZL4	3.86	1.133
	WLZX3	4.50	1.055	知识互补	ZSHB1	4.09	1.314
	WLZX4	4.29	1.081		ZSHB2	4.20	1.257
组织异质性	ZZYZ1	3.99	1.248		ZSHB3	4.00	1.378
	ZZYZ2	4.09	1.304	知识兼容	ZSJR1	3.98	1.283
	ZZYZ3	4.04	1.185		ZSJR2	3.98	1.414
	ZZYZ4	4.11	1.222		ZSJR3	4.00	1.222
目标异质性	MBYZ1	3.26	1.338	低碳创新网络	CXWL1	4.98	1.302
	MBYZ2	3.01	1.428		CXWL2	4.53	1.147
	MBYZ3	3.03	1.331		CXWL3	4.26	1.099
	MBYZ4	3.16	1.462		CXWL4	4.38	1.267
能力异质性	NLYZ1	3.91	1.343		CXWL5	4.18	1.290
	NLYZ2	4.13	1.306		CXWL6	3.94	1.453
	NLYZ3	3.99	1.401				
	NLYZ4	3.88	1.487				

（2）信度与效度检验

信度与效度分析的目的是检验调研数据的质量，是验证研究假设和理论模型的前提条件。本书通过内部一致性系数 Cronbach'α 来测量量表的信度，Cronbach'α 值越高说明该量表的信度越好。史密斯（Smith）提出通过计算和比较量表的总相关系数值（CITC）、Cronbach'α 值以及删除该题项后的 Cronbach'α 值能够更加准确地衡量该量表的信度。如果某题项的 CITC 值超过 0.5 表明此题项的设置合理，Cronbach'α 值超过 0.7 表明量表具有较好信度，删除该题项后的 Cronbach'α 值小于原 Cronbach'α 值表明此题项可以保留，否则该题项冗余，即可删除。采用组合信度（CR）来判断量表的内在质量，检验各个题项能否一致性地解释该变量，CR 值大于 0.8 表明该量表具有可靠性。

效度是用来描述量表衡量所测度变量准确程度的指标。效度的具体考察指标包括内容效度、收敛效度以及区分效度。首先，内容效度层面上，本书的变量量表均为借鉴现有文献使用较多的、相对成熟的量表整合而来，例如，网络关系量表中，网络关系强度量表是由衡量创新主体间交流互动频率与程度的动态维度量表整合而成，可见本书的量表具有良好的内容效度。其次，收敛效度可以借助探索性因子分析计算量表的 KOM 值、Bartlett's 球状检验显著性程度、因子载荷以及公因子的累计解释方差变异百分比，其中 KOM 值需超过 0.6 且通过 Bartlett's 球状显著性检验就进行因子分析，因子载荷大于 0.5，累计解释方差超过 30%，AVE 大于 0.6，则认为量表是有效的。最后，区分效度采用各个题项之间的相关系数检验，显著的相关性说明量表具有有效的区分效度，相关系数的置信区间包含 1，认定量表无效。通过检测，量表的信度效度结果如表 4.10 所示。

表 4.10　　　　　　　　　样本的信度效度检测表

研究变量		变量题项	CITC 值	α 值	删除 α 值	KOM	因子载荷	CR	AVE
网络结构	网络规模	WLGM1	0.714	0.857	0.813	0.782	0.863	0.903	0.701
		WLGM2	0.718		0.811		0.849		
		WLGM3	0.633		0.845		0.846		
		WLGM4	0.742		0.800		0.788		

续表

研究变量		变量题项	CITC 值	α 值	删除 α 值	KOM	因子载荷	CR	AVE
网络结构	网络密度	WLMD1	0.770		0.862		0.893		
		WLMD2	0.717	0.894	0.881	0.801	0.880	0.927	0.759
		WLMD3	0.801		0.849		0.874		
		WLMD4	0.780		0.858		0.839		
	网络中心性	WLZX1	0.819		0.846		0.906		
		WLZX2	0.749	0.896	0.871	0.817	0.882	0.928	0.762
		WLZX3	0.727		0.879		0.860		
		WLZX4	0.785		0.859		0.843		
网络关系	网络关系强度	GXQD1	0.764		0.910		0.868		
		GXQD2	0.780		0.908		0.863		
		GXQD3	0.731	0.923	0.914	0.906	0.861	0.939	0.721
		GXQD4	0.797		0.906		0.852		
		GXQD5	0.802		0.905		0.839		
		GXQD6	0.792		0.906		0.812		
	网络关系质量	GXZL1	0.770		0.765		0.884		
		GXZL2	0.690	0.846	0.802	0.796	0.830	0.897	0.685
		GXZL3	0.641		0.823		0.798		
		GXZL4	0.643		0.822		0.796		
主体特征	组织异质性	ZZYZ1	0.791		0.836		0.889		
		ZZYZ2	0.757	0.885	0.850	0.839	0.868	0.921	0.744
		ZZYZ3	0.712		0.860		0.855		
		ZZYZ4	0.739		0.852		0.837		
	目标异质性	MBYZ1	0.815		0.880		0.900		
		MBYZ2	0.816	0.911	0.879	0.842	0.899	0.938	0.791
		MBYZ3	0.760		0.899		0.894		
		MBYZ4	0.808		0.883		0.864		
	能力异质性	NLYZ1	0.795		0.872		0.893		
		NLYZ2	0.763	0.904	0.883	0.843	0.888	0.933	0.777
		NLYZ3	0.779		0.877		0.877		
		NLYZ4	0.803		0.869		0.867		

续表

研究变量		变量题项	CITC 值	α 值	删除 α 值	KOM	因子载荷	CR	AVE
知识共生	知识互补性	ZSHB1	0.772	0.847	0.730	0.707	0.906	0.907	0.766
		ZSHB2	0.649		0.846		0.883		
		ZSHB3	0.728		0.775		0.835		
	知识兼容性	ZSJR1	0.756	0.852	0.762	0.723	0.896	0.911	0.774
		ZSJR2	0.742		0.778		0.890		
		ZSJR3	0.679		0.834		0.852		
低碳创新网络		CXWL1	0.857	0.923	0.897	0.889	0.907	0.940	0.725
		CXWL2	0.732		0.915		0.870		
		CXWL3	0.757		0.912		0.850		
		CXWL4	0.753		0.912		0.832		
		CXWL5	0.781		0.908		0.830		
		CXWL6	0.806		0.906		0.815		

本章使用 SPSS22.0 检验了样本数据的信度和效度,计算结果如表 4.10 所示。各变量的 CITC 值超过 0.633,符合 0.5 的检验标准;信度系数 Cronbach'α 值均大于 0.846,满足 0.7 的检验标准,删除该题项后的 Cronbach'α 值均小于未删除的 Cronbach'α 值;CR 值均大于 0.897,满足 0.8 的检验标准,表明量表题项设置合理具有较好的信度;通过探索性因子分析,KMO 值均大于 0.707 且 Bartlett's 球状检验结果显著,满足检验标准;通过因子分析,各测量指标的因子载荷均大于 0.788,累计解释方差变异百分比均大于 70.002%,AVE 均大于 0.685,满足检验标准,同时,量表题项之间的相关系数皆为显著,置信区间内不包含常数 1,认定量表具有较好的收敛效度与区分效度。综上所述,量表题项信度与效度均满足检验标准,量表整体具有良好的信度与效度。

4.6.4 多元回归分析

本节采用极大似然法验证基于社会网络的低碳创新网络作用机理模型设计以及相关理论假设。分别将网络结构、网络关系、主体特征以及知识共生四个方面的相关研究假设进行验证。

（1）网络结构对低碳创新网络的回归分析

表 4.11 给出网络结构与低碳创新网络的回归结果。在检验假设的回归模型中，模型 1 纳入企业规模、企业年限、企业类别、教育程度与被试年龄这 5 个控制变量，验证控制变量对低碳创新网络的作用关系。模型 2、模型 3 与模型 4 分别加入 WLGM、WLMD 与 WLZX 这 3 个自变量，探讨网络结构的 3 个维度对低碳创新网络的作用效果。汇总模型 1～模型 4 得到模型 5，验证网络结构对低碳创新网络的作用效果。观察表 4.11，各模型的 $F(sig) = 0.000 < 0.05$，表明模型的整体有效性；结果表明，模型 2～模型 4 中，网络规模对低碳创新网络具有显著的促进作用（$\beta = 0.425$，$p < 0.001$）；网络密度对低碳创新网络具有显著的促进作用（$\beta = 0.354$，$p < 0.01$）；网络中心性对低碳创新网络具有显著的促进作用（$\beta = 0.588$，$p < 0.001$）；假设 1a、假设 1b、假设 1c 分别通过检验，模型 5 将网络结构的 3 个维度纳入回归模型，回归结果依旧是显著的，因此假设 1 通过验证。

表 4.11　　　　网络结构与低碳创新网络之间的关系假设

变量		因变量				
		低碳创新网络（CXWL）				
		模型 1	模型 2	模型 3	模型 4	模型 5
控制变量	企业规模（QYGM）	-0.197	-0.184	-0.164	-0.190	-0.163
	企业年限（QYNX）	-0.211	-0.105	-0.085	-0.073	-0.003
	企业类别（QYLB）	0.023	-0.062	0.020	0.071	0.001
	教育程度（JYCD）	-0.247 *	-0.395	-0.311	-0.180	-0.220
	被试年龄（BSNL）	0.038	0.101	0.008	0.216	0.198
自变量	网络规模（WLGM）		0.425 ***			0.274 **
	网络密度（WLMD）			0.354 **		0.118 **
	网络中心性（WLZX）				0.588 ***	0.465 ***
回归结果	R²	0.139	0.305	0.248	0.438	0.518
	AdjR²	0.081	0.248	0.186	0.392	0.464
	F	2.396 *	5.335 ***	4.009 **	9.486 ***	9.551 ***
	VIF 最大值	1.655	1.562	1.689	1.741	1.618

注：*、**、*** 分别表示在 10%、5% 和 1% 的水平上显著。

（2）网络关系对低碳创新网络的回归分析

表 4.12 给出网络关系与低碳创新网络的回归结果。在检验假设的回归模型中，模型 1 与模型 2 分别加入网络关系强度与网络关系质量两个自变量，探讨网络关系的两个维度对低碳创新网络的作用效果。汇总模型 1～模型 2 得到模型 3，验证网络关系对低碳创新网络的作用效果。观察表 4.12，各模型的 $F(sig) = 0.000 < 0.05$，表明模型的整体有效性，回归结果表明，模型 1～模型 2 中，网络关系强度对低碳创新网络具有显著的促进作用（$\beta = 0.433$，$p < 0.001$）；网络关系质量对低碳创新网络具有显著的促进作用（$\beta = 0.407$，$p < 0.001$），假设 2a、假设 2b 分别通过检验，模型 3 将网络关系的 2 个维度纳入回归模型，回归结果依旧是显著的，因此假设 2 通过验证。

表 4.12　　　　　　网络关系与低碳创新网络之间的关系假设

变量		因变量		
		低碳创新网络（CXWL）		
		模型 1	模型 2	模型 3
控制变量	企业规模（QYGM）	−0.197	−0.191	−0.188
	企业年限（QYNX）	−0.127	−0.185 *	−0.135
	企业类别（QYLB）	0.014	0.085	0.036
	教育程度（JYCD）	−0.315	−0.282	−0.266
	被试年龄（BSNL）	−0.089	0.075	0.096
自变量	网络关系强度（GXQD）	0.433 ***		0.333 ***
	网络关系质量（GXZL）		0.407 ***	0.294 **
回归结果	R^2	0.319	0.299	0.393
	$AdjR^2$	0.263	0.241	0.334
	F	5.704 ***	5.190 ***	6.662 ***
	VIF 最大值	1.925	1.744	1.685

注：* 、** 、*** 分别表示在 10%、5% 和 1% 的水平上显著。

（3）主体特征对低碳创新网络的回归分析

表 4.13 给出主体特征与低碳创新网络的回归结果。在检验假设的回

归模型中，模型1加入组织异质性和组织异质性的二次项两个自变量，模型2加入目标异质性自变量，模型3加入能力异质性和能力异质性的二次项两个自变量，分别探讨主体特征的3个维度对低碳创新网络的作用效果。汇总模型1～模型3得到模型4，验证主体特征对低碳创新网络的作用效果。观察表4.13，各模型的 $F(sig) = 0.000 < 0.05$，表明模型的整体有效性，回归结果表明，模型1中组织异质性对低碳创新网络为显著的正向作用（$\beta = 0.290$，$p < 0.01$），但组织异质性二次项与低碳创新网络呈显著的负向相关关系（$\beta = -0.343$，$p < 0.001$），即组织异质性与低碳创新网络存在倒"U"型关系，假设3a得到支持；模型2中目标异质性对低碳创新网络具有负向作用作用（$\beta = -0.347$，$p < 0.01$），假设3b得到支持；模型3中能力异质性对低碳创新网络为显著的正向作用（$\beta = 0.263$，$p < 0.01$），但能力异质性二次项与低碳创新网络呈显著的负向相关关系（$\beta = -0.307$，$p < 0.001$），即能力异质性与低碳创新网络存在倒"U"型关系，假设3c得到支持。

表4.13　　　　　　　　主体特征与低碳创新网络之间的关系假设

变量		低碳创新网络（CXWL）			
		模型1	模型2	模型3	模型4
控制变量	企业规模（QYGM）	-0.196 *	-0.119	-0.184	-0.133
	企业年限（QYNX）	-0.114	-0.105	-0.147	-0.072
	企业类别（QYLB）	0.063	0.006	0.109	0.081
	教育程度（JYCD）	-0.212	-0.243	-0.241	-0.139
	被试年龄（BSNL）	0.94	0.017	0.025	0.035
自变量	组织异质性（ZZYZ）	0.290 **			0.140 *
	组织异质性^2（ZZYZ^2）	-0.343 ***			-0.166 **
	目标异质性（MBYZ）		-0.347 **		0.212 **
	能力异质性（NLYZ）			0.263 **	0.158 *
	能力异质性^2（NLYZ^2）			-0.307 ***	-0.188 **
回归结果	R^2	0.473	0.237	0.482	0.569
	AdjR^2	0.421	0.174	0.432	0.506
	F	9.222 ***	3.779 **	9.582 ***	9.103 ***
	VIF 最大值	1.748	1.688	1.793	1.845

注：* 、** 、*** 分别表示在10%、5%和1%的水平上显著。

（4）知识共生对低碳创新网络的回归分析

① 知识共生的直接作用。表 4.14 给出知识共生与低碳创新网络的回归结果。在检验假设的回归模型中，模型 1 与模型 2 分别加入知识互补与知识兼容两个自变量，探讨知识共生的两个维度对低碳创新网络的作用效果。汇总模型 1、模型 2 得到模型 3，验证知识共生对低碳创新网络的作用效果。回归结果表明，模型 1 中，知识互补对低碳创新网络具有显著的促进作用（$\beta = 0.407$，$p < 0.001$）；模型 2 中，知识兼容对低碳创新网络具有显著的促进作用（$\beta = 0.389$，$p < 0.01$），假设 4a、假设 4b 分别通过检验，模型 3 将知识共生的 2 个维度纳入回归模型，回归结果依旧是显著的，因此假设 4 通过验证。

表 4.14　　　　　知识共生与低碳创新网络之间的关系检验

变量		低碳创新网络（CXWL）		
		模型 1	模型 2	模型 3
控制变量	企业规模（QYGM）	− 0.245 *	− 0.221 *	− 0.238
	企业年限（QYNX）	− 0.088	− 0.094	− 0.077
	企业类别（QYLB）	0.052	0.041	0.050
	教育程度（JYCD）	− 0.252	− 0.307	− 0.265
	被试年龄（BSNL）	0.011	0.097	0.049
自变量	知识互补（ZSHB）	0.407 ***		0.352 ***
	知识兼容（ZSJR）		0.389 **	0.299 **
回归结果	R^2	0.285	0.277	0.300
	$AdjR^2$	0.226	0.217	0.232
	F	4.851 ***	4.655 **	4.408 ***
	VIF 最大值	1.902	1.856	1.784

注：*、**、*** 分别表示在 10%、5% 和 1% 的水平上显著。

② 知识共生的中介作用。为检验假设 5 提出的知识共生的中介作用，构建回归模型 1 ~ 模型 3 检验网络关系嵌入性与知识共生的作用关系，模型 1 中网络关系强度与知识共生的标准回归系数为 0.425，模型 2 中网络

关系质量与知识共生的标准回归系数为 0.464，均在 $p < 0.001$ 的水平上显著，验证了网络关系强度与知识共生之间的相关关系。模型 3 将二者与知识共生放入回归模型，同样得到显著性结论。

本书遵循变量中介效应检验步骤，首先，证明了网络关系、知识共生与低碳创新网络显著相关，分别在表 4.12 和表 4.14 的模型中进行了验证；其次，证明网络关系与知识共生显著相关，在表 4.15 的模型中验证；最后，将知识共生纳入回归模型中，如果知识共生与网络关系均为显著，而网络关系的 2 个维度（网络关系强度、网络关系质量）的回归系数变小，表明知识共生在网络关系与低碳创新网络中起到部分中介作用；如果知识共生显著，而网络关系的 2 个维度（网络关系强度、网络关系质量）的回归系数变小且不显著，表明知识共生在网络关系与低碳创新网络中起到完全中介作用。

表 4.15　　　　　　　网络关系与知识共生之间的关系检验

变量		知识共生（ZSGS）		
		模型 1	模型 2	模型 3
控制变量	企业规模（QYGM）	0.077	0.086	0.089
	企业年限（QYNX）	− 0.211	− 0.266	− 0.221 *
	企业类别（QYLB）	− 0.090	0.017	− 0.028
	教育程度（JYCD）	− 0.180	− 0.134	− 0.120
	被试年龄（BSNL）	0.033	0.023	0.042
自变量	网络关系强度（GXQD）	0.425 ***		0.303 **
	网络关系质量（GXZL）		0.464 ***	0.361 ***
回归结果	R^2	0.284	0.318	0.396
	$AdjR^2$	0.225	0.262	0.337
	F	4.832 ***	5.668 ***	6.730 ***
	VIF 最大值	1.851	1.660	1.706

注：*、**、*** 分别表示在 10%、5% 和 1% 的水平上显著。

观察表 4.16，在加入中介变量知识共生后，网络关系强度与低碳创新网络的标准化系数 $\beta = 0.333$（$p < 0.001$）降为 $\beta = 0.278$（$p < 0.01$），表明知识共生在网络关系强度与低碳创新网络间起部分中介作用；网络

关系质量与低碳创新网络的标准化系数 $\beta = 0.294$（$p < 0.01$）降为 $\beta = 0.229$（$p < 0.01$），表明知识共生在网络关系质量与低碳创新网络间起部分中介作用；最后检验知识共生的两个维度的中介作用，研究发现知识互补是网络关系强度与低碳创新网络的部分中介，知识兼容是网络关系质量与低碳创新网络的部分中介。本书假设5、假设5a 和假设5b 均通过验证。

表 4. 16   知识共生的中介效应检验

变量		低碳创新网络（CXWL）			
		模型 1	模型 2	模型 3	模型 4
控制变量	QYGM	− 0. 188	− 0. 204 *	− 0. 208	− 0. 195
	QYNX	− 0. 135	− 0. 095	− 0. 095	− 0. 109
	QYLB	0. 036	0. 041	0. 042	0. 039
	JYCD	− 0. 266	− 0. 244	− 0. 232	− 0. 260
	BSNL	0. 096	0. 089	0. 070	0. 105
自变量	GXQD	0. 333 ***	0. 278 **	0. 289 **	0. 287 **
	GXZL	0. 294 **	0. 229 **	0. 228 **	0. 250 *
中介变量	ZSGS		0. 181 *		
	ZSHB			0. 137	
	ZSJR				0. 134
回归结果	R^2	0. 393	0. 413	0. 416	0. 404
	$AdjR^2$	0. 334	0. 347	0. 350	0. 337
	F	6. 662 ***	6. 243 ***	6. 319 ***	6. 021 ***
	VIF 最大值	1. 969	1. 827	1. 679	1. 881

注：*、**、*** 分别表示在10%、5% 和1% 的水平上显著。

③ 知识共生的调节作用。表4. 17 中给出知识共生调节作用的回归模型。模型1 中将主体特征的3 个维度组织异质性、目标异质性和能力异质性及其各自的二次项与知识互补作为自变量纳入模型中，将低碳创新网络作为因变量。模型2 中加入组织异质性的二次项与知识互补的交互项、目标异质性与知识互补的交互项、能力异质性的二次项与知识互补的交互项。

表4.17 知识共生的调节作用

变量		低碳创新网络（CXWL）			
		模型1	模型2	模型3	模型4
控制变量	QYGM	-0.152^{*}	-0.129	-0.146^{*}	-0.148^{*}
	QYNX	-0.058	-0.006	-0.053	-0.035
	QYLB	0.067	0.102	0.065	0.059
	JYCD	-0.081	-0.098	-0.087	-0.095
	BSNL	0.023	0.033	0.044	0.053
自变量	ZZYZ	0.135^{*}	0.127^{**}	0.126^{*}	0.065^{*}
	$ZZYZ^2$	-0.205^{**}	-0.173^{**}	-0.173^{**}	-0.177^{**}
	MBYZ	-0.158^{*}	-0.218^{**}	-0.154^{*}	-0.239^{**}
	NLYZ	0.128^{*}	0.023^{**}	0.124^{*}	0.115^{*}
	$NLYZ^2$	-0.252^{**}	-0.207^{**}	-0.289^{**}	-0.275^{**}
调节变量	ZSHB	0.129^{**}	0.109^{**}		
	ZSQR			0.154^{**}	0.113^{**}
交互项	$ZZYZ^2 \times ZSHB$		0.142^{*}		
	$MBYZ \times ZSHB$		-0.020		
	$NLYZ^2 \times ZSHB$		0.169^{**}		
	$ZZYZ^2 \times ZSQR$				0.095^{**}
	$MBYZ \times ZSQR$				-0.096
	$NLYZ^2 \times ZSQR$				0.116^{**}
回归结果	R^2	0.579	0.625	0.584	0.646
	$AdjR^2$	0.511	0.544	0.517	0.569
	F	8.512^{***}	7.724^{***}	8.691^{***}	8.459^{***}
	VIF 最大值	1.655	1.847	1.695	1.771

注：*、**、*** 分别表示在10%、5%和1%的水平上显著。

观察表4.17，从模型2的交互项结果来看，知识互补与组织异质性二次项的交互项呈显著性（$\beta = 0.142$，$p < 0.05$），说明知识互补对组织异质性与低碳创新网络的相关关系具有显著的调节作用，具体调节效应示意见图4.2，假设6a得到支持；知识互补与目标异质性的交互项未呈现显著性，说明在目标异质性对低碳创新网络作用过程中，知识互补没有起到调节作用，假设6b未得到支持；知识互补与能力异质性二次项的

交互项呈显著性（$\beta = 0.169$，$p < 0.01$），说明知识互补对能力异质性与
低碳创新网络的正相关关系具有显著的调节作用，具体调节效应示意见
图 4.3，假设 6c 得到支持；知识兼容与组织异质性的交互项呈显著性
（$\beta = 0.095$，$p < 0.01$），说明知识兼容对组织异质性与低碳创新网络的相
关关系具有显著的调节作用，具体调节效应示意见图 4.2，假设 6d 得到
支持；知识兼容与目标异质性的交互项未呈现显著性，说明在目标异质
性对低碳创新网络作用过程中，知识互补与知识兼容均没有起到调节作
用，假设 6e 未得到支持；知识兼容与能力异质性二次项的交互项呈显著
性（$\beta = 0.116$，$p < 0.01$），说明知识兼容对能力异质性与低碳创新网络
的相关关系具有显著的调节作用，具体调节效应示意见图 4.3，假设 6f 得
到支持。此外，与模型 1 相比模型 2 的解释能力得到提升，模型 3 相比模
型 4 的解释能力得到提升。

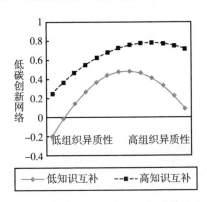 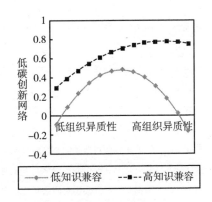

图 4.2　知识共生在组织异质性与低碳创新网络间的调节效应

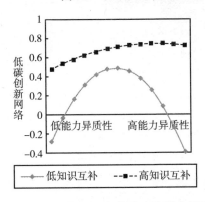 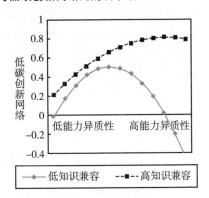

图 4.3　知识共生在能力异质性与低碳创新网络间的调节效应

4.6.5 实证结果分析

根据上述分析，通过汇总研究假设的验证情况，得到基于社会网络理论的低碳创新网络作用机理模型。在23个研究假设中，假设6b和假设6e未得到支持，其余的21个假设均通过验证（见表4.18）。结合基于社会网络理论的低碳创新网络作用机理的实证分析结果，得出以下研究结论：

表4.18　　　　　　　　　　研究假设汇总表

假设编号	假设内容	是否通过验证
假设1	网络结构对低碳创新网络具有正向作用	是
假设1a	网络规模对低碳创新网络具有正向作用	是
假设1b	网络密度对低碳创新网络具有正向作用	是
假设1c	网络中心性对低碳创新网络具有正向作用	是
假设2	网络关系对低碳创新网络具有正向作用	是
假设2a	网络关系强度对低碳创新网络具有正向作用	是
假设2b	网络关系质量对低碳创新网络具有正向作用	是
假设3a	组织异质性对低碳创新网络具有倒"U"型作用	是
假设3b	目标异质性对低碳创新网络具有负向作用	是
假设3c	能力异质性对低碳创新网络具有倒"U"型作用	是
假设4	知识共生对低碳创新网络具有正向作用	是
假设4a	知识互补对低碳创新网络具有正向作用	是
假设4b	知识兼容对低碳创新网络具有正向作用	是
假设5	知识共生是网络关系与低碳创新网络的中介变量	是
假设5a	知识共生是网络关系强度与低碳创新网络的中介变量	是
假设5b	知识共生是网络关系质量与低碳创新网络的中介变量	是
假设6	知识共生在主体特征与低碳创新网络之间的关系中起到调节作用	是
假设6a	知识互补在组织异质性与低碳创新网络之间的关系中起到调节作用	是
假设6b	知识互补在目标异质性与低碳创新网络之间的关系中起到调节作用	否
假设6c	知识互补在能力异质性与低碳创新网络之间的关系中起到调节作用	是
假设6d	知识兼容在组织异质性与低碳创新网络之间的关系中起到调节作用	是
假设6e	知识兼容在目标异质性与低碳创新网络之间的关系中起到调节作用	否
假设6f	知识兼容在能力异质性与低碳创新网络之间的关系中起到调节作用	是

第一，网络结构与网络关系。网络结构与网络关系对低碳创新网络存在显著的推动作用。网络结构的 3 个维度对低碳创新网络的作用效果为：网络中心性（0.588）>网络规模（0.425）>网络密度（0.354），网络关系的两个维度对低碳创新网络的作用效果为：网络关系强度（0.433）>网络关系质量（0.407），表明网络结构与网络关系的不同维度对低碳创新网络作用的差异性。从社会网络视角出发，首先，创新主体需要从网络结构入手，对自身在低碳创新网络中所处的地位进行重新考量，提高与网络内部其他创新主体（包括学研机构、客户、供应商与经销商、行业协会、政府、金融与中介机构等）的联系频率，尽可能地充分利用网络资源，占据低碳创新网络中的优势位置，提高获得异质性创新资源的概率。其次，创新主体需要在信任合作的基础上建立长期稳定的网络关系，增强对网络合作伙伴潜在价值的重视程度，获取合作依存关系以促进隐性知识的有效转移，激发深层次的创造力。综上所述，创新主体需要通过维护良好的网络环境，重视网络结构与网络关系，拓宽多样化、异质性、非冗余知识的获取渠道，有助于低碳创新活动的有效开展。

第二，主体特征。主体特征的 3 个维度对低碳创新网络的作用效果不同，其中，组织异质性与低碳创新网络为倒"U"型相关关系，目标异质性与低碳创新网络为负相关关系，能力异质性与低碳创新网络为倒"U"型相关关系。其一，组织异质性为创新主体提供了多样化的知识源，有助于破解现有难题和新知识组合的挖掘和运用，有助于打破创新主体现有网络惯例、文化价值等认知结构，有助于实现创新组织间的交流互动。但组织异质性在达到最佳差异程度之前，组织异质性程度的增加能够有效促进低碳创新网络的发展；组织异质性超过最佳差异程度之后，组织异质性程度的增加将在一定程度上抑制低碳创新网络的发展。其二，目标异质性将带来信息不对称与合作冲突，破坏承诺信任关系，对低碳创新网络产生严重的负面作用。其三，能力异质性维持在一定范围内时有助于提升低碳创新网络，如果创新主体引入具有更高异质性程度的合作伙伴，需要具备更高的知识吸收能力与整合能力，否则将妨碍新知识的创造。因此，创新主体需要选择合适的合作伙伴，首先选择与自身的目标和观念差异小的合作伙伴，切勿盲目追求实力雄厚、高技术水平的大规模创新主体合作。其次与合作伙伴之间保持高频率、高质量的互动交流，减少合作误解与冲突，协调合作双方目标，增加知识共享意愿。最后保障低碳创新网络的稳定性，优化合作创新制度，设立投入创新资源门槛，尽可能地减少"搭便车"行为。

第三，知识共生。其一，知识共生的两个维度知识互补与知识兼容均对低碳创新网络正向促进作用，知识互补（0.407）>知识兼容（0.389），创新主体需要充分发挥知识互补和兼容效能，更好地嵌入低碳创新网络中，实现知识互补与知识兼容的知识共生文化，利用这种隐性的文化和标准规范创新主体的合作创新机制，从而推动创新主体在低碳创新网络内部兑现以高价值知识共享为纽带的网络嵌入承诺。其二，知识共生在网络关系与低碳创新网络间起到部分中介作用，说明创新主体想要充分发挥关系强度与关系质量对低碳创新网络的积极作用，需重视知识互补与兼容。知识共生意味着既能满足创新主体对差异化、非冗余知识的需求，又能将这种差异性控制在创新主体知识体系支撑的理解范畴内，促进创新主体对于内外部知识的整合，并提高创新搜索成功的可能性，与伙伴企业建立的强联系有助于获取共生知识进而对低碳创新网络产生积极作用。其三，知识共生能够提升组织异质性、能力异质性对低碳创新网络作用的拐点。知识的互补与兼容水平较高时，组织异质性与能力异质性对低碳创新网络的促进作用得到加深。知识共生能够提高异质性知识整合深度和速度，挖掘隐性知识利用价值，进而提高创新主体的绩效水平。因此，在创新主体构建关系时需要重视对拥有共生性知识的合作伙伴的选择，从源头上保证知识共生。

4.7　本章小结

本章从基于社会网络理论的低碳创新网络作用机理的全局视角出发，将网络结构、网络关系、主体特征以及知识共生置于一个研究框架下，构建了基于社会网络理论的低碳创新网络作用机理概念模型，结合经典的量表题项，通过多元回归进行实证分析，深入探究了各个因素对低碳创新网络的作用机理。研究结果显示，网络结构中的网络规模、网络密度和网络中心性对低碳创新网络具有显著正向作用，网络关系中的网络关系强度和网络关系质量对低碳创新网络具有显著正向作用；主体特征中的组织异质性、能力异质性对低碳创新网络具有先正后负的倒"U"型作用，目标异质性与低碳创新网络负向作用；知识共生对低碳创新网络具有显著正向促进作用，知识共生在网络关系与低碳创新网络之间发挥部分中介作用，同时，知识互补、知识兼容能够显著调节组织异质性、能力异质性对低碳创新网络先正后负的倒"U"型作用。

第 5 章

基于社会网络理论的低碳创新网络演化机理研究

本章基于第3章、第4章的研究成果，在网络结构、网络关系、主体特征以及知识共生四个层面综合作用下厘清低碳创新网络的演化机理，低碳创新网络创新主体考虑不同层面因素作用而调整自身的低碳创新合作策略，最终达到促进低碳创新网络发展的目的。本章结合社会网络理论、交易成本理论和演化博弈理论，综合考虑主体合作中的网络结构、网络关系、主体特征以及知识共生因素，从主体博弈视角构建了低碳创新网络演化博弈模型，采用数值仿真技术探究在各层次因素的影响作用下低碳创新网络的演化博弈过程。

5.1 低碳创新网络主体合作关系与行为约束

5.1.1 低碳创新网络主体合作关系

资源基础观认为低碳创新网络是一个充分利用稀缺资源异质性增强竞争优势的价值创造机制，交易成本理论认为低碳创新网络可以有效回避市场交易不确定性、信息不对称性、交易成本偏高与道德风险问题，产业组织理论认为低碳创新网络是能够防止低碳技术溢出、提升低碳创新效率内部共享的机制。低碳创新主体合作是通过非线性作用，实现低碳创新主体单独无法达到的效果。系统论认为主体之间的相互作用同时受到内部目标诉求与外界环境约束的双重影响。低碳创新网络主体合作是指多个创新主体之间开展的针对末端治理、清洁工艺与低碳产品等低碳创新合作，是从单个创新主体的低碳创新出发，跨越自身边界，实现创新优势互补、知识资源共享、风险共担的协同效应，最终达到原材料利用率与生产效率的提高、污染物排放与生态环境危害的降低的经济—社会—环境协调发展目标。

低碳创新网络内部创新主体间存在多种合作关系，其中以企业—企业、企业—学研机构，企业—政府、学研机构—政府、金融机构—其他主体、中介机构—其他主体的关系为主，如图5.1所示。第一，企业—企业的合作关系。企业之间的合作关系是低碳创新网络中最为广泛的合作关系，企业合作对象包括竞争者、供应商、客户等，长期稳定的企业间合作关系能够促进创新资源的流动，引领了低碳创新网络的低碳创新方向。第二，企业—学研机构的合作关系。随着低碳创新的复杂性和系统性日益提高，企业以委托研发、合作研发或共建研究机构等形式与学研机构进行合作，获取增强创新生命力的知识、人才和低碳技术等科技资源，在竞争激烈的市场中保持竞争力。第三，企业—政府的合作关系。政府通过宏观调控分配低碳创新资源和应对市场失灵，促进创新型人才和资金的流动，降低市场失灵对低碳创新的影响，发挥其无法替代的作用。第四，学研机构—政府的合作关系。学研机构不仅可以知识创造新知识新技术，还可以通过政产学研合作创新模式，承担低碳技术攻关项目，与企业、政府等开展创新合作建立协同创新平台，实现低碳创新成果的技术转移与成果转化，从而将知识转化为经济效益与社会效益。第五，金融机构—其他主体的合作关系。既能够为低碳创新网络中其他主体提供经营活动上一般资金支持，还能够提供资金保障其低碳创新活动以及相关的咨询服务。第六，中介机构—其他主体的合作关系。中介机构在低碳创新网络各个创新主体之间扮演信息共享、承接转达、交流合作、生产服务的桥梁角色，降低信息的不对称与缺失，间接地参与到低碳创新活动中，实现异质性创新主体之间的知识共享、合作创新与风险共识。

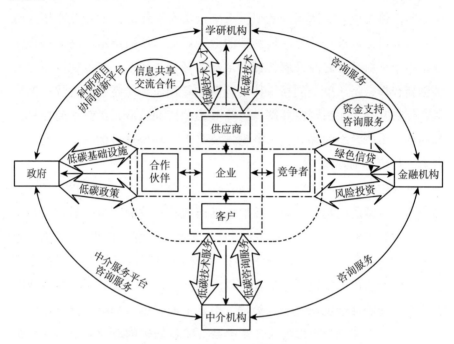

图 5.1　低碳创新网络主体合作关系

5.1.2　低碳创新网络主体行为约束

根据低碳创新网络主体合作伙伴的性质与产业链关系，低碳创新合作行为包含纵向合作、横向合作行为和政产学研中合作行为三种类型，低碳创新纵向合作行为是与同一产业链上下游不同环节的创新主体进行低碳创新的合作行为，合作对象为上下游创新主体，合作主体之间通过互动或者供需激励，合作研发出具有供应链关系的低碳型新产品，例如原材料、生产设备或关键零件的创新产品，创新成果在该产业链所在的市场上独有，合作创新主体获取最终的创新收益并共同承担着创带来的市场风险。低碳创新横向合作行为是与同一产业链环节的创新主体进行低碳创新的合作行为，合作对象为从事同一种类经营活动的竞争关系企业，合作研发的是共性低碳技术，通过合作研发弥补自身的创新资源不足，通过专有技术整合与财务资源共享来分担创新带来的市场风险的同时形成了规模经济，创新主体在研发阶段处于合作关系，而面向市场后仍处于竞争关系。低碳创新政产学研中合作行为是与技术产品市场化能力不同的创新主体进行低碳创新合作行为，合作对象不具备研究成果的市场转化能力，创新主体之间不存在产业链关系，而是具有成果转化能力的创新主体与不具有成果转化能力的创新主体之间达成的委托代理协议，同时，具有成果转化能力的创新主体在较长时期内拥有了该项低碳专利技术，独占新产品市场。综上所述，不同类型的低碳创新网络创新主体合作行为在低碳技术研发阶段与市场转化阶段呈现出不同的特征，如表5.1所示。

表5.1　　　　不同类型的低碳创新网络创新主体合作行为特征

合作行为类型	低碳技术研发阶段	低碳技术市场化阶段
纵向合作行为	产业链低碳技术	各自独占不同市场，共同承担市场风险
横向合作行为	共性低碳技术	同一个市场，竞争关系，各自承担市场风险
政产学研中合作行为	专项低碳技术	企业独占市场并承担市场风险

低碳创新网络中主体间的合作博弈保障了低碳创新能够有效开展。尽管合作契约协议可以约束创新主体的决策，但创新主体在合作过程中不一定签署正式的合作契约协议，各个创新主体都面临着合作、不合作的选择，同时也均有可能受到合作伙伴的背叛，创新主体策略选择取决于不合作的机会成本（Doebeli and Hanert，2005）。创新主体付出成本参与的低碳创新网络是一种利己利他行为，但是在合作过程中"搭便车"的现象并不罕见，如何预防合作中的搭便车情况是必然遇到的问题，"搭便车"现象使合作陷入集体困境并且带来一定的道德风险，因此，为了保障各方权益和集体利益，设立一套完备有效的合作机制是十分必要的。当创新主体履行低碳创新合作协议时，任一方均有可能出现中途放弃的违约情况，因此，创新主体在合作之前就经过反复协商达成合作契约协议，事先约定对违约方的惩罚与赔偿措施，即违约惩罚。合作契约协议的制定要在低碳创新活动开展之前，违约惩罚力度设置的合理性直接关

系到创新主体在低碳创新过程中所采取的合作策略，违约惩罚的设置直接关系到主体的创新结果。如果创新主体违约将会对其他合作方带来直接的经济与非经济损失，创新主体是有限理性的，各方建立信任需要一个较长时期，而缺乏信任将导致合作无法长期持续进行，因此，在合作契约协议中设置违约惩罚来保障低碳创新合作的开展。本书采取合作前约定收益调整的违约惩罚，减少违约方的收益补偿另一方的损失，以示惩罚。

5.2 基于社会网络理论的低碳创新网络演化博弈模型的构建

5.2.1 基于社会网络理论的低碳创新网络演化博弈模型的条件

随着合作创新的网络化发展，针对合作创新影响因素的研究，丁绪等（2014）提出合作过程中的专用性投资能够有效提升违约惩罚的规范机制在维持合作的自组织演化过程中发挥重要作用；科万等（Cowan et al.，2007）认为创新网络中创新主体之间的信任危机对合作密度具有一定的影响；单英华和李忠富（2015）提出技术成本、效益以及合作创新协同效益能够正向提升创新主体合作创新概率，而创新溢出效应与合作创新概率负相关，合理的违约成本和政策激励有助于减少机会主义行为；宋彪（2018）认为设置能够采取动态扶持或者惩罚策略的政府监管机构预防企业和东道国地方政府的机会主义行为；马蓝和安立仁（2016）提出企业参与合作动机越强，转化为相对应的合作行为越多，能够显著提高企业的合作创新绩效；于贵芳等（2020）探讨了信任在不同类型合作关系与公立科研机构创新行为之间的作用机制，发现能力信任对人际关系、契约关系对公立科研机构创新行为的影响具有显著调节作用。郑胜华和池仁勇（2017）创新网络内部核心主体的合作能力能够通过刺激创新主体的主动合作行为从而达成创新网络的优化升级。综上所述，现有研究表明合作创新主体价值取向与水平、惩罚机制、协同效应、合作利益、机会利益、合作动机、信任程度、沟通水平等对创新合作具有显著的影响作用，低碳创新主体合作行为的特殊性来自创新主体多样性和低碳创新复杂性，低碳创新主体合作策略的选择受到低碳创新利益分配机制、合作创新成本、知识溢出效应、合作双方的互惠主义和机会主义行为等因素的影响。综上所述，本书基于社会网络视角，从网络结构、网络关系、主体特征以及知识共生四个方面考虑低碳创新网络演化的影响因素。

（1）网络结构

根据社会网络理论可知，网络结构对于网络演化研究具有重要作用。本书选择网络结构中的网络规模对低碳创新网络演化的影响作用进行研究，设置三种规模的无标度社会网络，对比分析不同网络规模条件下，各个影响因素对低碳创新网络演化区别作用。

（2）网络关系

在低碳创新网络中，机会主义行为会直接影响到网络关系强度和质量。低碳创新合作过程中，能够利用资源互补优势创造价值和提升创新主体的竞争力，同时易受到合作伙伴隐瞒信息、强制修改合同、转移风险或逃避责任等机会主义行为的威胁，从而导致了创新收益降低、成本的上升、创新周期的延长甚至创新项目的终止（罗剑锦，2012）。创新主体拒绝完成合同规定的义务的行为可称为机会主义行为，产业链中的异质性创新主体可能导致创新成果的不兼容，合作双方必须进行资产投资，易导致资金接收方的机会主义行为，机会主义行为能够使低碳创新合作主体不劳而获地占有合作伙伴的知识、技术资源并获得额外收益。选择违约惩罚对低碳创新网络演化的影响作用进行研究，表示在合作关系达成时参与者通过协商签订正式协议或非正式承诺方式对违反合作契约一方进行有成本的处罚，对采取违约行为一方进行惩罚来补偿合作方的损失。

（3）主体特征

在低碳创新合作过程中，协同效应与利益分配是反映创新主体特征的重要因素。第一，协同效应。创新主体进入低碳创新网络的首要目的就是实现协同效应，基于创新主体对低碳技术资源的依赖，低碳创新协同效应表现为低碳知识、技术和组织协同形式，体现在降低合作成本和提高合作收益两方面（高孟立，2017）。创新主体拥有复杂的低碳技术创新体系，需要投入一定的创新成本，保证创新主体实现低碳创新合作收益，投入创新成本的多少和形式都取决于创新主体自身特征。本书以收益和成本为切入点，构建低碳创新"合作—不合作"博弈收益矩阵，深入分析了低碳创新协同效应对低碳创新网络稳定性的影响。协同效应包括创新主体间互动、合作与资源整合等一系列协同过程，既可以提升创新主体收益，也可以为创新主体创造新的价值，产生"1＋1＞2"的协同效应（臧欣昱和马永红，2018）。第二，利益分配。一般情况下，创新主体间通过签订合约对收益进行分配，由于创新主体合作前期低碳创新技术资源投入、低碳技术创新能力、研发规模上的客观差距，使创新主体在低碳创新合作利益分配不均而影响创新主体之间的合作关系，因此，利益分配系数是影响主体合作行为的关键因素（朱雪春和陈万明，2015）。

（4）知识共生

知识共生描述的是创新主体间知识内容的相互匹配程度，在低碳创新网络主体合作过程中知识溢出效应是反映创新主体之间知识共生的重要因素。低碳创新合作框架下，拥有核心低碳技术的创新主体难以独占低碳创新成果，合作伙伴可以通过非自愿的低碳知识与技术扩散提升其低碳技术水平（杜欣，2017）。低碳创新合作过程中存在双向溢出效应，竞合关系下的创新主体合作中存在横向溢出，产业链间的合作存在纵向溢出，横纵双向溢出包含外生溢出与内生溢出两种溢出方式，外生溢出指的是雇佣新员工、启动新项目而导致的企业难以控制、非自愿的溢出效应，内生溢出指的是企业在合作交流过程中伴随发生的能够有效控制、自愿发生的溢出效应。本书以产业链横向溢出的内生、外生溢出为分析对象，选择知识溢出效应对低碳创新网络演化的影响进行研究。

5.2.2 基于社会网络理论的低碳创新网络演化博弈模型的建立

基于现有低碳创新网络演化影响因素的研究成果，将低碳创新初始收益、合作成本、协同收益、溢出收益和违约惩罚纳入低碳创新网络收益函数中，对于任意创新主体 i 和创新主体 j 分别建立低碳创新网络收益函数 R_i 和 R_j 如式（5-1）和式（5-2）所示：

$$R_i = f\left[l_i(t_i + t_j), \lambda_i t_i, \alpha_i t_i^m t_j^n, \beta_i u_{i,0} t_j, \delta_i \right] \tag{5-1}$$

$$R_j = f\left[l_j(t_i + t_j), \lambda_j t_j, \alpha_j t_i^m t_j^n, \beta_j u_{j,0} t_i, \delta_j \right] \tag{5-2}$$

以创新主体 i 的低碳创新网络收益函数 R_i 为例，其中，低碳创新初始收益 $l_i(t_i + t_j)$ 表示创新主体 i 按照利益分配比例获得的低碳创新初始收益，t_i 和 t_j 表示创新主体 i 和创新主体 j 在合作过程中投入低碳创新技术资源的收益，l_i 和 l_j 表示创新主体 i 和创新主体 j 的利益分配系数。

低碳创新合作成本（$\lambda_i t_i$）表示创新主体 i 投入创新资源的成本，采用创新主体 i 在合作创新过程中投入创新资源的收益和成本转化系数来度量（唐丽艳等，2017）。λ_i 为成本转化系数，t_i 表示创新主体 i 投入创新资源的收益。

低碳创新协同收益（$\alpha_i t_i^m t_j^n$）表示通过创新主体实现知识共享、创新互惠以及创新资源优化配置而形成的协同收益。α_i 代表创新主体的协同能力系数，由创新主体低碳技术研发能力、低碳技术互补程度、合作创新水平和沟通协调能力等共同决定，体现创新主体的协同创新能力，$\alpha_i > 0$，m 与 n 分别表示创新主体 i 与创新主体 j 低碳创新合作的弹性系数，且 $m + n = 1$，m、$n > 0$。

低碳创新溢出收益（$\beta_i u_{i,0} t_j$）表示当创新主体 j 采取合作决策时产生的外部收益，由于低碳技术转移不确定性与知识互补，创新主体 i 能够不付出额外成本的前提下从创新主体 j 获得低碳技术与知识，通过与自有低碳技术结合优化创新主体 i 的低碳技术创新体系或创造新的低碳技术，创新主体 i 获得的收益为低碳创新溢出收益（张宝生和王晓红，2015）。β_i 表

119

示当创新主体 j 采取合作决策时创新主体 i 对低碳技术溢出的吸收能力，$u_{i,0}$ 表示创新主体 i 自有的低碳创新资源收益，t_j 表示创新主体 j 投入低碳创新技术资源的收益。

违约惩罚（δ_i）的保障作用取决于违约惩罚是否抵消了机会主义行为带来的好处，如果双方都不履行合作导致合作失败，双方收益均为 0，则不存在违约惩罚，$\delta_i = 0$，$0 \leqslant \delta_i \leqslant l_i(t_i + t_j)$。

为便于分析保证一般性，将创新主体 i 和创新主体 j 的低碳创新网络收益函数简化表示为线性函数，如式（5-3）、式（5-4）所示，其中，当 $t_i = 0$ 时 $\delta_i = \delta$，当 $t_i > 0$ 时 $\delta_i = 0$。

$$R_i = l_i(t_i + t_j) - \lambda_i t_i + \alpha_i t_i^m t_j^n + \beta_i u_{i,0} t_j - \delta_i \qquad (5-3)$$

$$R_j = l_j(t_i + t_j) - \lambda_j t_j + \alpha_j t_i^m t_j^n + \beta_j u_{j,0} t_i - \delta_j \qquad (5-4)$$

创新主体 i 与创新主体 j 在发生博弈时，在不同的组合策略情况下收益不同，依据创新主体决策的动态性，构建创新主体 i 和创新主体 j 的"合作—不合作"博弈收益矩阵（曹海旺等，2017），如图 5.2 所示。

创新主体 j

策略		合作	不合作
创新主体 i	合作	$D_i = l_i(t_i + t_j) - \lambda_i t_i + \alpha_i t_i^m t_j^n + \beta_i u_{i,0} t_j$ $D_j = l_j(t_i + t_j) - \lambda_j t_j + \alpha_j t_i^m t_j^n + \beta_j u_{j,0} t_i$	$E_i = -\lambda_i t_i + \delta$ $F_j = \beta_j u_{j,0} t_i - \delta$
	不合作	$F_i = \beta_i u_{i,0} t_j - \delta$ $E_j = -\lambda_j t_j + \delta$	$G_i = 0$ $G_j = 0$

图 5.2　低碳创新网络主体博弈收益矩阵

5.2.3　模型求解与传统演化博弈的局限性

博弈初始阶段，假设系统内部有创新主体 1 和创新主体 2，创新主体 1 选择合作的概率为 x，不合作的概率为（$1-x$），创新主体 2 选择合作的概率为 y，不合作的概率为（$1-y$），x 和 y 是关于时间 t 的函数，根据图 5.2 低碳创新网络主体博弈收益矩阵的描述可知：

创新主体 1 采取合作时的收益为式（5-5）：

$$U_{E1} = yl(t_1 + t_2) + y\alpha_1 t_1^m t_2^n + y\beta_1 u_{1,0} t_2 - \lambda_1 t_1 + \delta - y\delta \qquad (5-5)$$

创新主体 1 采取不合作时的收益为式（5-6）：

$$U_{S1} = y\beta_1 u_{1,0} t_2 - y\delta \qquad (5-6)$$

创新主体 1 以 x 和（$1-x$）的概率采取合作、不合作策略的平均收益为式（5-7）：

$$U_1 = xyl(t_1 + t_2) + xy\alpha_1 t_1^m t_2^n - x\lambda_1 t_1 + x\delta + y\beta_1 u_{1,0} t_2 - y\delta \qquad (5-7)$$

创新主体 2 选择合作时的收益为式（5-8）：

$$U_{E2} = xl_2(t_1 + t_2) + x\alpha_2 t_1^m t_2^n + x\beta_2 u_{2,0} t_1 - \lambda_2 t_2 + \delta - x\delta \qquad (5-8)$$

创新主体 2 选择不合作时的收益为式（5-9）：

$$U_{S2} = x\beta_2 u_2 t_1 - x\delta \qquad (5-9)$$

创新主体 2 以 y 和（$1-y$）的概率采取合作、不合作策略的平均收益为式（5-10）：

$$U_1 = xyl_2(t_1 + t_2) + xy\alpha_2 t_1^m t_2^n - y\lambda_2 t_2 + y\delta + x\beta_2 u_2 t_1 - x\delta \qquad (5-10)$$

低碳创新网络的创新主体参考多次博弈结果调整下一步合作决策，假设策略调整速度与其平均收益超过混合策略平均收益的幅度成正比，因此，低碳创新网络主体博弈动态演化的复制动态系统可以表示为式（5-11）和式（5-12）：

$$dx/dt = x(1-x)\left[yl_1(t_1 + t_2) + y\alpha_1 t_1^m t_2^n - \lambda_1 t_1 + \delta \right] \qquad (5-11)$$

$$dy/dt = y(1-y)\left[xl_2(t_1 + t_2) + x\alpha_2 t_1^m t_2^n - \lambda_2 t_2 + \delta \right] \qquad (5-12)$$

令 $dx/dt = 0$ 可得创新主体 1 的复制动态及稳定状态分别为：

$$x_1^* = 0, x_2^* = 1, y^* = \frac{\lambda_1 t_1 - \delta}{l_1(t_1 + t_2) + \alpha_1 t_1^m t_2^n} \qquad (5-13)$$

令 $dy/dt = 0$，可得创新主体 2 复制动态及稳定状态分别为：

$$y_1^* = 0, y_2^* = 1, x^* = \frac{\lambda_2 t_2 - \delta}{l_2(t_1 + t_2) + \alpha_2 t_1^m t_2^n} \qquad (5-14)$$

由此可见，低碳创新网络内部存在$(0,0)$、$(0,1)$、$(1,0)$、$(1,1)$、$\left(\dfrac{\lambda_2 t_2 - \delta}{l_2(t_1 + t_2) + \alpha_2 t_1^m t_2^n}, \dfrac{\lambda_1 t_1 - \delta}{l_1(t_1 + t_2) + \alpha_1 t_1^m t_2^n}\right)$这五个局部稳定点。

参考现有研究，通过系统$Jacobian$矩阵结构分析来确定由微分方程组描述的动态系统均衡点的局部稳定性，基于此，对微分方程组求偏导数得到$Jacobian$矩阵：

$$J = \begin{bmatrix} (1-2x)\left[yl_1(t_1+t_2) + y\alpha_1 t_1^m t_2^n - \lambda_1 t_1 + \delta\right] \\ y(1-y)\left[l_2(t_1+t_2) + \alpha_2 t_1^m t_2^n\right] \\ x(1-x)\left[l_1(t_1+t_2) + \alpha_1 t_1^m t_2^n\right] \\ (1-2y)\left[xl_2(t_1+t_2) + x\alpha_2 t_1^m t_2^n - \lambda_2 t_2 + \delta\right] \end{bmatrix} \quad (5-15)$$

J的行列式$DetJ$为：

$$DetJ = (1-2x)(1-2y)\left[yl_1(t_1+t_2) + y\alpha_1 t_1^m t_2^n - \lambda_1 t_1 + \delta\right]\left[xl_2(t_1+t_2)\right.$$
$$\left. + x\alpha_2 t_1^m t_2^n - \lambda_2 t_2 + \delta\right] - xy(1-x)(1-y)\left[l_1(t_1+t_2) + \alpha_1 t_1^m t_2^n\right]$$
$$\left[l_2(t_1+t_2) + \alpha_2 t_1^m t_2^n\right] \quad (5-16)$$

J的迹TrJ为：

$$TrJ = (1-2x)\left[yl_1(t_1+t_2) + y\alpha_1 t_1^m t_2^n - \lambda_1 t_1 + \delta\right]$$
$$+ (1-2y)\left[xl_2(t_1+t_2) + x\alpha_2 t_1^m t_2^n - \lambda_2 t_2 + \delta\right] \quad (5-17)$$

离散动态系统中，当$Jacobian$矩阵行列式的$DetJ > 0$，$TrJ < 0$时，均衡点达到稳定状态（马翔和张国兴，2017），相对应的均衡点是演化稳定策略（ESS）。其中，(x^*, y^*)为系统演化的鞍点，但始终属于不稳定点，因此，本书对$(0,0)$、$(0,1)$、$(1,0)$、$(1,1)$进行局部稳定性分析。

① 当$\lambda_1 t_1 > \delta$，$\lambda_2 t_2 > \delta$时，根据表5.2可知，该矩阵的 ESS 为$(0,0)$。创新主体1和创新主体2在选择合作的低碳创新成本大于违约惩罚，表明低碳创新合作的违约惩罚较小，无法补偿低碳创新的合作成本，在多次合作博弈后越来越多的创新主体选择不合作策略，最终低碳创新网络达到全部网络成员选择不合作策略的稳定状态。说明违约惩罚机制是必要的，令网络内部创新主体感受到严厉的惩罚力度，放弃搭便车的侥幸心

理。动态演化过程如图5.3所示。

表5.2 $\lambda_1 t_1 > \delta$，$\lambda_2 t_2 > \delta$ 时局部稳定性求解

条件	均衡点	DetJ	TrJ	局部稳定性
$\lambda_1 t_1 > \delta \lambda_2 t_2 > \delta$	(0，0)	+	−	ESS
	(0，1)	不确定	不确定	鞍点
	(1，0)	不确定	不确定	鞍点
	(1，1)	不确定	不确定	鞍点

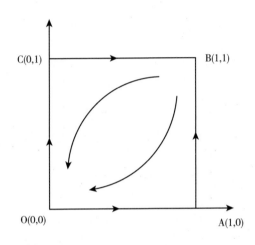

图5.3 $\lambda_1 t_1 > \delta$，$\lambda_2 t_2 > \delta$ 时动态演化相位

② 当 $\lambda_1 t_1 > \alpha_1 t_1^m t_2^n + l_1(t_1 + t_2) + \delta$，$\lambda_2 t_2 < \delta$ 时，根据表5.3可知，该矩阵的 ESS 为 (0，1)。

表5.3 $\lambda_1 t_1 > \alpha_1 t_1^m t_2^n + l_1 (t_1 + t_2) + \delta$ $\lambda_2 t_2 < \delta$ 时局部稳定性求解

条件	均衡点	DetJ	TrJ	局部稳定性
$\lambda_1 t_1 > \alpha_1 t_1^m t_2^n + l_1(t_1 + t_2) + \delta$ $\lambda_2 t_2 < \delta$	(0，0)	−	不确定	鞍点
	(0，1)	+	−	ESS
	(1，0)	+	+	不稳定点
	(1，1)	−	不确定	鞍点

创新主体2在不合作情况下的违约惩罚大于低碳创新合作成本，会更加主动地参与到合作中。而创新主体1的协同创新能力水平较差，使

低碳创新合作成本得不到补偿，在不断演化过程中，创新主体倾向于选择不合作策略。说明在拥有相对完善的违约惩罚机制的合作中，由于某一创新主体的合作创新能力差、协同收益低，在经过多次博弈后，低碳创新网络内部不会出现高度协同效应，继续选择合作的创新主体将会收敛于一个常数，仅有少部分创新主体选择合作策略。动态演化过程如图5.4所示。

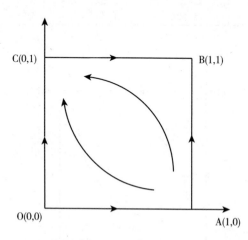

图5.4 $\lambda_1 t_1 > \alpha_1 t_1^m t_2^n + l_1(t_1 + t_2) + \delta$，$\lambda_2 t_2 < \delta$ 时动态演化相位

③ 当 $\lambda_1 t_1 < \delta$，$\lambda_2 t_2 > \alpha_2 t_1^m t_2^n + l_2(t_1 + t_2) + \delta$ 时，根据表5.4可知，该矩阵的 ESS 为 (1, 0)。创新主体1在不合作情况下的违约惩罚大于低碳创新合作成本，会更加主动地参与到合作中。而创新主体2的协同创新能力水平较差，使低碳创新合作成本得不到补偿，在不断演化过程中，创新主体倾向于选择不合作策略。与结论2的情况基本一致，动态演化过程如图5.5所示。

表5.4 $\lambda_1 t_1 < \delta, \lambda_2 t_2 > \alpha_2 t_1^m t_2^n + l_2(t_1 + t_2) + \delta$ 时局部稳定性求解

条件	均衡点	$DetJ$	TrJ	局部稳定性
$\lambda_1 t_1 < \delta$ $\lambda_2 t_2 > \alpha_2 t_1^m t_2^n + l_2(t_1 + t_2) + \delta$	(0, 0)	−	不确定	鞍点
	(0, 1)	+	+	不稳定点
	(1, 0)	+	−	ESS
	(1, 1)	−	不确定	鞍点

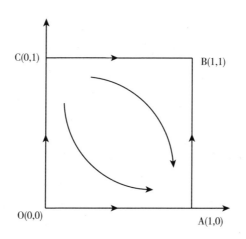

图 5.5 $\lambda_1 t_1 < \delta, \lambda_2 t_2 > \alpha_2 t_1^m t_2^n + l_2(t_1 + t_2) + \delta$ 时动态演化相位

④ 当 $\lambda_1 t_1 < \alpha_1 t_1^m t_2^n + l_1(t_1 + t_2) + \delta$，$\lambda_2 t_2 < \alpha_2 t_1^m t_2^n + l_2(t_1 + t_2) + \delta$ 时，根据表 5.5 可知，该矩阵的 ESS 为 (1, 1)。创新主体 1 和创新主体 2 的低碳创新初始收益、低碳创新协同收益与违约惩罚之和大于合作成本，说明在合作过程中，创新主体 1 和创新主体 2 均可以获得额外净收益，经过多次博弈后，创新主体 1 和创新主体 2 将全部选择合作策略，低碳创新网络内部呈现高度协同合作状态。因此，保证良好的违约惩罚机制、优化创新主体的协同创新水平，是维持低碳创新网络稳定状态的关键，动态演化过程如图 5.6 所示。

表 5.5 $\lambda_1 t_1 < \alpha_1 t_1^m t_2^n + l_1(t_1 + t_2) + \delta$，$\lambda_2 t_2 < \alpha_2 t_1^m t_2^n + l_2(t_1 + t_2) + \delta$ 时局部稳定性求解

条件	均衡点	DetJ	TrJ	局部稳定性
$\lambda_1 t_1 < \alpha_1 t_1^m t_2^n + l_1(t_1 + t_2) + \delta$ $\lambda_2 t_2 < \alpha_2 t_1^m t_2^n + l_2(t_1 + t_2) + \delta$	(0, 0)	不确定	不确定	鞍点
	(0, 1)	不确定	不确定	鞍点
	(1, 0)	不确定	不确定	鞍点
	(1, 1)	+	−	ESS

综上述传统演化博弈模型分析结果可知，主体特征和网络关系中的低碳创新初始收益、合作成本、协同收益和违约惩罚因素在一定程度上决定了博弈的稳定状态，抽象描述了低碳创新网络演化博弈过程，但忽略了知识溢出对博弈结果的影响作用。然而，现实低碳创新网络中存在"搭便车"现象，往往令低碳技术提供方遭遇经济损失，以致部分创新主

体在考虑到寻找合作伙伴成本、决策成本以及合作风险而选择"不合作"策略（陈真玲和王文举，2017），即占优策略组合随创新主体合作意愿及实际环境发生不确定性变化，运用传统数学模型很难进行求解。复杂网络理论是以系统的网络化结构为基础，研究系统的非线性关系与复杂性的整体性科学，将复杂网络理论引入社会学分析框架中。现实主体间接触并非全耦合或全随机，具有拓扑统计特征，演化博弈过程与网络结构之间有密切的联系。鉴于此，本书将演化博弈理论与社会网络理论充分结合，并运用仿真方法分析低碳创新网络的演化规律。

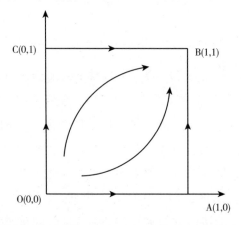

图5.6　$\lambda_1 t_1 < \alpha_1 t_1^m t_2^n + l_1 (t_1 + t_2) + \delta, \lambda_2 t_2 < \alpha_2 t_1^m t_2^n + l_2 (t_1 + t_2) + \delta$ 时动态演化相位

5.3　基于社会网络理论的低碳创新网络演化算法

5.3.1　无标度社会网络结构设定

社会网络为经济系统从微观主体到系统宏观现象的研究提供了研究框架，其中最具影响力的是无标度网络和小世界网络。低碳创新网络中存在多个合作联盟，各个合作联盟拥有独立的低碳技术创新目标，核心创新主体在合作联盟之间存在信息交流并主导合作联盟进行低碳创新，合作联盟内部信息交流频繁，合作联盟之间的交流较少，创新主体具有较强的异质性，即低碳创新网络具有显著无标度网络特征。已有研究表

明大量真实网络的节点度服从幂率分布，即为无标度网络（徐莹莹和綦良群，2016）。另外，3.3.4节中对基于新能源汽车行业的低碳创新网络无标度效应检验结果显示，该低碳创新网络具有显著的无标度网络特征，因此，低碳创新网络演化问题实际上是无标度社会网络上的演化博弈。基于此，本书将以无标度社会网络作为低碳创新网络演化博弈的网络载体。将无标度社会网络规模设定为50、100、500三种，采用 *Matlab* 软件仿真不同网络规模，图5.7、图5.8和图5.9分别为演化初期随机生成的

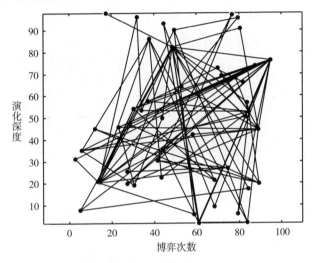

图 5.7　50 个节点的无标度社会网络

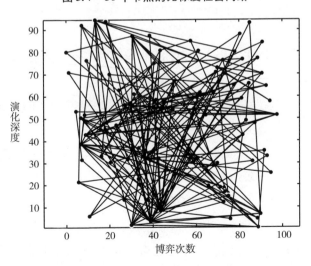

图 5.8　100 个节点的无标度社会网络

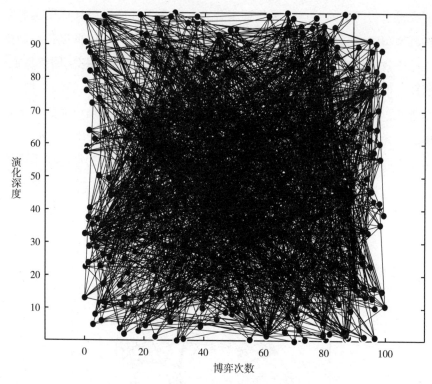

图 5.9　500 个节点的无标度社会网络

50 个节点、100 个节点、500 个节点的无标度社会网络的二维效果图，节点表示低碳创新网络中参与合作的创新主体，连线表示节点之间的网络关系。

5.3.2　基于社会网络理论的低碳创新网络演化假设

基于低碳创新网络的网络结构特点和博弈模型构建的现实考虑，提出下列假设：

假设 1：假定低碳创新网络是一个具有异质性的无标度社会网络 $G\ (V,\ E)$，其中 V 表示网络中所有节点的集合，E 表示所有边的集合；

假设 2：创新主体将在一定的邻域内选择合作博弈伙伴，博弈半径 $r=1$。现实情况中，创新主体受到信息成本、沟通限制等约束，难以和整个低碳创新网络的全部创新主体建立合作关系，假设创新主体在邻域内选择合作博弈伙伴符合实际情况；

假设3：只考虑创新主体在低碳创新网络外部性中的直接网络效应。在无标度社会网络中，由于创新主体的社会联系对象的局限性，假定创新主体只与领域内的其他创新主体相互作用，创新主体收益来源于低碳创新网络；

假设4：异质性创新主体是有限理性的，选取策略的概率与预期合作收益相关，存在判断失误而没有选择最优策略的可能性；

假设5：创新主体根据上一次的博弈结果来进行策略更新，且记忆长度为1。

5.3.3 基于社会网络的低碳创新网络演化规则

如何确定博弈者学习和策略调整的方式是演化博弈研究的核心问题。创新主体根据邻域内其他创新主体的策略，以及上一次决策与目标函数，博弈学习后对当前策略进行调整。创新主体的学习行为和创新主体之间交互作用及其对未来的预期是低碳创新网络演化的重要推动力，过去的经验同时具有一定的辅助作用（范如国等，2015）。在考虑经验重视学习的前提下，根据经验加权吸引（EWA）学习模型来构建低碳创新网络的演化规则。

EWA学习模型中，任一创新主体能够在策略集中随机选择某一策略 a 进行随机博弈学习，环境状态通常以概率 P 从 h 转移到 h'，如式（5-18）所示：

$$Prob(h = h'/h, a) = P(h, a, h') \qquad (5-18)$$

创新主体收益为 R，ω 为折扣因子，$v(h')$ 为 h' 状态下的收益，如式（5-19）所示：

$$R(h) = \omega \sum p(h, a, h') v(h') \qquad (5-19)$$

创新主体可以对下一个博弈步骤中其邻域内选择合作策略的数量进行预测，即具备适应预期行为，收益函数与其邻域内偏好策略相同的主体数目相关，其演化过程具有显著的外部性，基于鲜于波（2007）提出的复杂网络外部性效用模型，在 T 时期，创新主体 i 的偏好策略 j 的预期收益函数如式（5-20）所示，其中，q_{ij} 是创新主体 i 对策略 j 的初始预期，可以反映出创新主体的低碳偏好，$v(e_{ij}^t)$ 表示网络直接收益，e_{ij}^t 表示 t 时刻创新主体 i 选择策略 j 的数量，c_{ik} 表示创新主体 i 对策略 j 和其他策略之间的兼容度。

$$U_{ij}^t = q_{ij} + v(e_{ij}^t) + \sum_{k \neq j} v(c_{ik}e_{ik}^t), 0 \leq c_{ik} \leq 1 \qquad (5-20)$$

创新主体依据吸引指数的概率大小来随机选择策略，吸引指数的大小决定策略被采用概率。用符号 A_i^j 表示策略的吸引指数。δ 表示期望收益的权重，φ 表示过去经验的折旧率，a_i^j 代表创新主体 i 在 t 时期的策略选择，$a_{-i}^j(t)$ 代表邻域内创新主体在 t 时期的策略选择，$\pi_i(a_i^j, a_{-i}^j(t))$ 表示在 t 时期创新主体 j 在选择 $a_{-i}^j(t)$ 策略时，创新主体 i 的 a_i^j 策略的实际收益，如式（5-21）所示：

$$A_i^j(t) = [\varphi N(t-1) \cdot A_i^j(t-1) + [\delta + (1-\delta) \cdot I(a_i^j, a_i(t))]$$
$$\cdot \pi_i(a_i^j, a_{-i}^j(t))]/N(t) \qquad (5-21)$$

在给定其他创新主体策略选择概率 μ^t 的条件下，创新主体 i 可以根据吸引指数计算出自己选择策略 a 的预期收益 $\pi(a_i/\mu^t)$，并根据期望收益来决定 $t+1$ 时期的策略选择概率 $p_{a_i}^{t+1}$，其中，$a_i \in A$，λ 表示可以衡量吸引力参数在策略决策中的敏感度，$1/\lambda$ 可以解释为噪声，如式（5-22）所示：

$$p_{a_i}^{t+1} = \frac{\exp(\lambda \pi(a_i/\mu^t))}{\sum \exp(\lambda \pi(a_i/\mu^t))} \qquad (5-22)$$

选用带有主观偏好的重连机制确定节点 i 的链接点 j，来增加演化规则的主观性，d 为偏好倾向，d 的大小可以表明偏好倾向的显著性，因此，断边重连的概率如式（5-23）所示：

$$f_{ij} = \sum_{i \in G} U_j^d/U_I^d \qquad (5-23)$$

5.3.4　基于社会网络的低碳创新网络演化步骤

第一步，构建无标度社会网络并设定参数初始化。给定一个无标度社会网络 $G(V,E)$，在博弈过程中，随机分配给节点策略，设定不同的参数值。

第二步，针对低碳创新网络四种不同的主体博弈收益，创新主体 i 在博弈半径 r 内的所有创新主体进行博弈，且博弈半径 $r=1$。

第三步，根据策略更新规则更新合作策略。在演化周期 t 内，创新主体根据 EWA 学习算法计算每种策略采用概率 P，根据 P 的大小随机选择策略来进行策略更新。

第四步，根据网络所具有的偏好机制，网络中任意节点 i 以概率 f_{ij} 与其他节点 j 断边重连。

第五步，转到第二步，直至达到预定时间步长结束。

根据上面构建的低碳创新网络演化博弈模型进行仿真，以刁丽琳（2012）研究成果为基础，将低碳创新网络演化深度和速度作为测度指标，研究各参数数值变化对低碳创新网络演化的影响。对每组参数进行 100 次测试以保证仿真结果的稳定，选取网络演化测度指标的平均值研究低碳创新网络的演化情况。

5.4　基于社会网络理论的低碳创新网络演化过程与仿真

5.4.1　网络结构对低碳创新网络演化的影响

根据 5.2.3 节中 *Jacobian* 矩阵局部稳定性分析结果，演化均衡点由影响因素之间的比较关系决定。当 $\lambda_1 t_1 > \delta$，$\lambda_2 t_2 > \delta$ 时，$(0,0)$ 为低碳创新网络演化均衡点；当 $\lambda_1 t_1 > \alpha_1 t_1^m t_2^n + l_1(t_1 + t_2) + \delta$，$\lambda_2 t_2 < \delta$ 时，$(0,1)$ 为

低碳创新网络演化均衡点；当 $\lambda_1 t_1 < \delta$，$\lambda_2 t_2 > \alpha_2 t_1^m t_2^n + l_2(t_1 + t_2) + \delta$ 时，$(1,0)$为低碳创新网络演化均衡点；当 $\lambda_1 t_1 < \alpha_1 t_1^m t_2^n + l_1(t_1 + t_2) + \delta$，$\lambda_2 t_2 < \alpha_2 t_1^m t_2^n + l_2(t_1 + t_2) + \delta$ 时，$(1,1)$为低碳创新网络演化均衡点。根据以上分析结果，参考徐莹莹和綦良群（2016）、黄玮强等（2013）的研究过程，对初始参数进行设置，$t_i = 10$，$l_i = 0.3$，$u_{i,0} = 10$，$\beta_i = 0.05$，α_i，λ_i 和 δ 的取值如表5.6所示，用 N_{ij} 对演化曲线进行标号，i 代表五种参数，j 代表三种网络。以5.3.1节中设置的三种规模的无标度社会网络为载体，通过 Matlab 软件仿真不同网络规模下低碳创新网络的演化过程，x 轴为博弈次数，y 轴为演化深度，仿真结果如图5.10、图5.11、图5.12所示。

表5.6 低碳创新网络演化的仿真参数设置

参数	协同系数 α_1	成本系数 λ_1	协同系数 α_2	成本系数 λ_2	违约惩罚 δ
N_{11}，N_{12}，N_{13}	0.6	0.4	0.6	0.5	3
N_{21}，N_{22}，N_{23}	0.6	0.3	-0.3	0.3	5
N_{31}，N_{32}，N_{33}	1.0	0.3	0.9	0.3	5
N_{41}，N_{42}，N_{43}	1.6	0.5	1.4	0.4	3
N_{51}，N_{52}，N_{53}	1.6	0.5	1.4	0.4	1

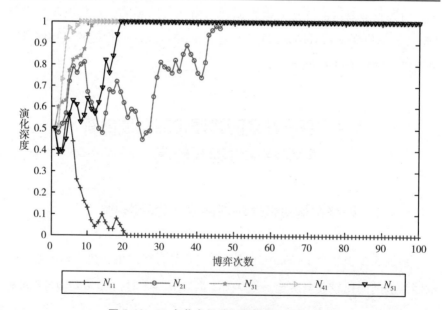

图5.10 50个节点低碳创新网络的演化结果

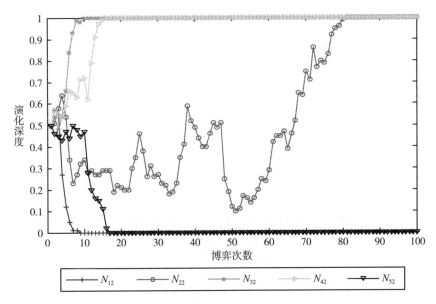

图 5.11　100 个节点低碳创新网络的演化结果

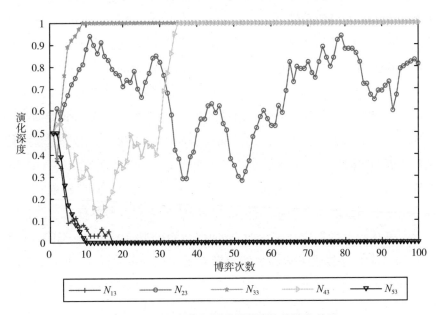

图 5.12　500 个节点低碳创新网络的演化结果

　　观察图 5.10、图 5.11 和图 5.12 可知，在不同规模的无标度社会网络中，除了曲线 $N_{51}N_{23}$ 的结果不同，其余不同的参数设置下在低碳创新网络演化深度结果一致。可以看出在无标度社会网络载体下，网络规模的大小对于演化深度的影响不大。对比演化曲线可知，50 个节点的低碳创新网络在博弈 5~45 次达到基本稳定状态，100 个节点的低碳创新网络在博弈 10~80 次达到基本稳定状态，500 个节点的低碳创新网络在演化周期内没有达到稳定状态。由此可知，网络规模越大，低碳创新网络的演化速度越慢。在大规模的低碳创新网络中，信息的传递效率低，节点在博弈与学习的过程中要面对的情况更为复杂，小规模的低碳创新网络中有较少的节点和连线，规避了大规模网络的部分弊端。

5.4.2　网络关系对低碳创新网络演化的影响

在节点为 50 的低碳创新网络中，创新主体的低碳创新合作成本大于违约惩罚，合作行为得不到相应的补偿，低碳创新网络演化最终退化为 0，所有创新主体均选择不合作策略，如 N_{11} 曲线所示；低碳创新合作成本都小于违约惩罚的条件下，部分创新主体的低碳创新协同收益低于整体期望值，导致了其低碳创新合作成本与分配利益之和大于违约惩罚与低碳创新协同收益之和，这部分创新主体面对较大的合作风险，但是由于"羊群效应"，这部分创新主体也会倾向于与网络演化趋势同步，最终低碳创新网络演化深度达到 1 的稳定状态，如 N_{21} 曲线所示；低碳创新合作成本与分配利益之和小于违约惩罚与协同收益之和时，由于创新主体拥有较高的协同能力，低碳创新网络快速达到 1 的演化稳定状态，如 N_{31} 曲线所示；创新主体低碳创新合作成本大于违约惩罚，且低碳创新合作成本与分配利益之和小于违约惩罚与协同收益之和，最终低碳创新网络演化深度达到 1 的稳定状态，如 N_{41} 曲线所示。观察图 5.10、图 5.11 和图 5.12 不同网络规模下违约惩罚力度对低碳创新网络演化的影响可知，在节点数为 50 的规模网络中，对比分析 N_{41}、N_{51} 曲线可以看出，当违约惩罚为 3 时明显快于违约惩罚为 1 时的网络演化速度；在节点数为 100、500 的规模网络中，违约惩罚的影响作用最为明显，违约惩罚为 3 时（N_{42}、N_{43}）网络演化深度为 1，违约惩罚为 1 时（N_{52}、N_{53}）网络演化深度为 0。说明完善的惩罚机制可以促进低碳创新网络演化，更快地达到合作的稳定状态。

5.4.3 主体特征对低碳创新网络演化的影响

(1) 协同收益对低碳创新网络演化的影响

观察图 5.10、图 5.11 和图 5.12 不同网络规模下低碳创新网络演化可知，在完善的违约惩罚机制下，即合作成本小于违约惩罚时，部分创新主体的协同能力较差，导致合作成本与利益分配之和大于违约惩罚与协同收益之和，低碳创新网络演化深度与速度不尽相同。对比演化曲线 N_{2j} 和 N_{3j}，发现除了 N_{23} 外，低碳创新网络的演化深度均为 1，N_{2j} 曲线的演化速度明显小于曲线 N_{3j}，较差的协同能力导致低碳创新网络在演化周期未能达到稳定状态，如 N_{23} 曲线所示。当惩罚机制不健全，即合作成本大于违约惩罚，且合作成本与分配利益之和小于违约惩罚与低碳创新协同收益之和时，如 N_{4j} 所示，低碳创新网络演化深度为 1。在小规模网络中，协同收益对合作成本的补偿效果显著，随着网络规模的扩大，演化速度逐渐减慢。由此可知，低碳创新协同收益可以促进低碳创新网络演化，技术资源的互补性是协同收益产生的基础，创新主体具有的较高协同能力可以补偿部分的低碳创新合作成本，使合作创新主体获得额外的收益，提升低碳创新网络演化速度。在不同规模的网络中，低碳创新协同收益可以促使低碳创新网络演化深度达到 1 的稳定状态。

(2) 利益分配对低碳创新网络演化的影响

为了讨论利益分配系数 l_i 对低碳创新网络演化深度与速度的影响，依据 5.4.1 节中网络演化至 0 的情景设置固定参数 $t_i = 10$，$u_{i,0} = 10$，$\alpha_i = 0.6$，$\beta_i = 0.05$，$\lambda_1 = 0.4$，$\lambda_2 = 0.5$，$\delta = 3$，利益分配系数 l_i 的取值分别为 0.5、0.3、0.1，仿真结果如图 5.13、图 5.14 和图 5.15 所示。

观察图 5.13 可知，在节点为 50 的低碳创新网络中，当利益分配系数 l_1 取值 0.5 时，低碳创新网络演化深度为 1，此时低碳创新网络中的创新主体均选择合作策略；当利益分配系数 l_1 取值 0.3 和 0.1 时，低碳创新网络演化深度在经过小幅度波动之后最终退化为 0。观察图 5.14 可知，

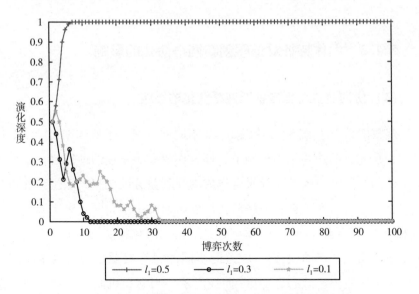

图 5.13　利益分配对 50 个节点低碳创新网络演化的影响

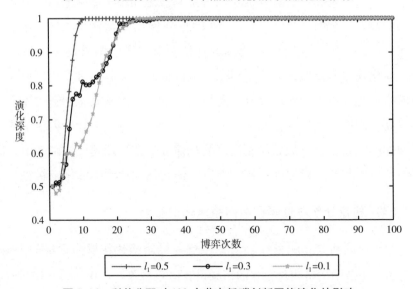

图 5.14　利益分配对 100 个节点低碳创新网络演化的影响

在节点为 100 的低碳创新网络中，利益分配系数 l_1 分别取值 0.5、0.3 和 0.1 时，低碳创新网络网络演化深度最终均为 1，此时低碳创新网络中的主体均选择合作策略。观察图 5.15 可知，在节点为 500 的低碳创新网络中，利益分配系数不同时，低碳创新网络演化深度为 1，网络规模较大时，创新主体合作的利益分配是否公平不会改变整体的合作趋势。在较小规模的无标度社会网络中，信息的传播路径简捷，当得知不合理的利益分配时，创新主体为了保障自身利益而拒绝合作，在邻域内有限的节点数目提升了搜索成本，导致创新主体选择独立开展低碳创新活动。

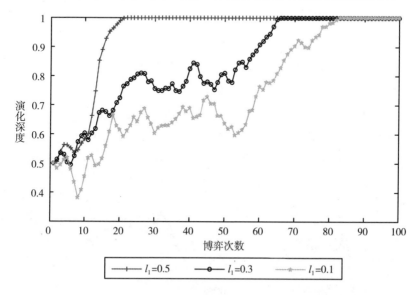

图5.15　利益分配对500个节点低碳创新网络演化的影响

5.4.4　知识共生对低碳创新网络演化的影响

为讨论知识溢出对低碳创新网络演化深度与速度的影响，依据5.4.1节中低碳创新网络演化至0的情景设置固定参数 $t_i = 10$，$u_{i,0} = 10$，$\alpha_i = 0.6$，$\lambda_1 = 0.4$，$\lambda_2 = 0.5$，$\delta = 3$，知识溢出的吸收能力系数 β_i 的取值分别为0.05，0.15，0.4，0.8，使知识溢出收益分别为合作收益的1倍、3倍、8倍、16倍，仿真结果如图5.16、图5.17和图5.18所示。观察图5.16、图5.17可知，在节点为50和100的低碳创新网络中，当知识溢出收益是合作收益的1倍、3倍和8倍时，在经历10~40次博弈后的低碳创新网络演化深度最终结果为1，这是由于合作声誉和违约惩罚的存在，信息在较小规模网络中传递的时效性强，使创新主体不愿为了较少的收益放弃更多的合作机会和更多的经济收益；当知识溢出收益是合作收益的16倍时，低碳创新网络的演化深度处于波动的状态，没有在周期能达到稳定值，这是由于部分创新主体被"机会主义"利益吸引而放弃合作关系，部分主体因忌惮"违约声誉"而继续选择合作；观察图5.18可知，在节点为500的低碳创新网络中，当知识溢出收益是合作收益的1倍、3倍和8倍时，低碳创新网络在经历15～80次博弈后的演化深度最终结果为1，当知识溢出收益是合作收益的16倍时，低碳创新网络的演化深度均退化为0，这是由于无标度社会网络的规模的增大，网络中信息不对称现象显著，"违约声誉"对主体合作态度的影响减弱，加快了低碳创新网络演化深度退化的速度。

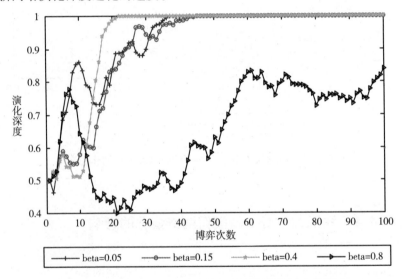

图5.16　知识溢出对50个节点低碳创新网络演化的影响

5.4.5　演化结果分析

通过对基于社会网络理论的低碳创新网络演化研究发现四个结论。

第一，网络结构对低碳创新网络演化的影响作用。低碳创新网络演化实质上是基于收益择优原则，在无标度社会网络嵌入情境下，有限理性的异质性创新主体进行博弈的过程。低碳创新网络演化过程中，网络结构、网络关系、主体特征以及知识共生因素将不同程度地影响低碳创新网络演化的深度与速度。网络结构在上述影响作用之间具有一定的调

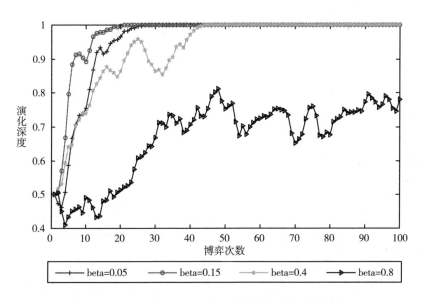

图 5.17　知识溢出对 100 个节点低碳创新网络演化的影响

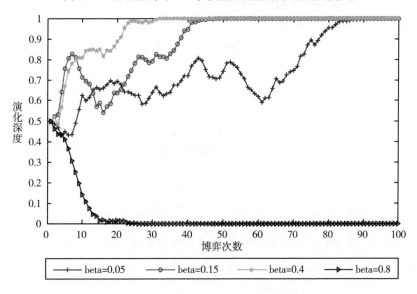

图 5.18　知识溢出对 500 个节点低碳创新网络演化的影响

节功能，在较大网络规模的低碳创新网络中，演化至均衡点的速度越慢。网络结构对低碳创新网络演化的深度影响不大，与演化速度之间有较强的相关性。

　　第二，网络关系对低碳创新网络演化的影响作用。网络关系与主体特征之间的关系变化对低碳创新网络演化具有显著影响。合理的违约惩罚能够促使创新主体更好地履行合约，在合约的规定时间内完成低碳技术研发任务，在很大程度上限制了合作双方机会主义行为，从而保障了低碳合作创新的成功实施，对于创新主体合作关系的稳定性具有保障作用，促进低碳创新网络演化深度收敛于1。

第三，主体特征对低碳创新网络演化的影响作用。低碳创新协同收益促进低碳创新网络向着帕累托最优方向演化，且网络规模越大演化速度越慢。利益分配对低碳创新网络演化的影响受网络规模制约，在较小规模的无标度社会网络中演化速度更快。小规模的无标度社会网络中，利益分配的公平性可以提升演化深度，大规模的无标度网络中，利益分配的公平性不会改变低碳创新网络的演化趋势，最终达到均采取合作策略的稳定状态。

第四，知识共生对低碳创新网络演化的影响作用。知识溢出是引起低碳创新网络演化深度发生波动的重要因素。小规模无标度社会网络中，知识溢出收益的增大加快了低碳创新网络演化速度，不改变演化的深度；大规模的无标度社会网络中，知识溢出的增加，导致低碳创新网络最终趋于不合作的稳定状态。

5.5　本章小结

低碳创新网络主体合作策略选择会引起合作属性变化，本章以演化博弈为基础，在无标度社会网络载体上对主体博弈进行模拟仿真，揭示了低碳创新网络演化的微观机制，以及在网络结构、网络关系、主体特征以及知识共生影响作用下低碳创新网络演化深度和速度。研究结果表明：网络关系与主体特征之间的关系变化对低碳创新网络演化具有显著影响，网络规模越大演化速度越慢，网络规模越小对主体特征的敏感性越强，网络规模越大对网络关系和知识共生的敏感性越强，进一步揭示了基于社会网络理论的低碳创新网络演化机理，为下面基于社会网络理论的低碳创新网络创新效率评价研究和低碳创新网络发展对策的提出奠定基础。

第 **6** 章

基于社会网络理论的低碳创新
网络创新效率评价研究

本章从低碳创新网络的创新投入、期望产出和非期望产出构建了基于社会网络理论的低碳创新网络创新效率的评价指标体系，利用包含非期望产出的 J-SBM 三阶段 DEA 模型对低碳创新网络创新效率值进行了测算，并探讨了外部环境对低碳创新网络创新效率的影响作用，进一步分析了低碳创新网络的创新生产模式，揭示我国制造业低碳创新网络发展过程中所面临挑战形势的"黑箱"，为第 7 章基于社会网络理论的低碳创新网络发展对策研究奠定基础。

6.1 基于社会网络理论的低碳创新网络
创新效率评价指标体系构建

6.1.1 基于社会网络理论的低碳创新网络创新效率评价指标体系构建原则

构建评价指标体系是评价低碳创新网络创新效率的核心问题，对低碳创新网络创新效率评价的有效性取决于评价指标体系是否科学、合理。鉴于此，为保证评价结果的准确、客观，构建低碳创新网络创新效率评价指标体系应遵循以下五个原则。

（1）科学性原则

科学性原则是指在构建评价指标体系时应参照相关的理论依据，使其能够准确、客观、全面地反映低碳创新网络创新效率的实际情况与综合特征。本章依据现代统计理论，遴选出能体现低碳创新网络内涵、特点的指标，构建低碳创新网络创新效率的测度指标体系，从整体上展现出低碳创新网络创新效率的投入产出关系。

（2）有效性原则

有效性原则是指需要根据评价对象实际情况和预设目标的有效程度来构建评价指标体系。该原则要求所建立的低碳创新网络创新效率评价指标体系能够真实地反映出低碳创新网络创新效率的实际情况，与低碳创新网络运行情况的吻合度越高说明评价指标体系的有效性越高，无法满足有效性原则的指标体系是无效的。

（3）可比性原则

可比性原则是指在构建评价指标体系时各个评价指标的统计方法与计量范围的一致性程度，反映评价指标体系是否具有的实用价值。该原则要求所构建的评价指标体系的全部投入产出指标之间不能存在交叉重叠，需具有独立性，同时需考虑到各个决策单元之间的差异性，选择具有相同统计口径与计量范围的指标，保证所反映效率水平的真实性与评价标准的一致性。

（4）可操作性原则

可操作性原则是指所构建的评价指标体系在评价过程中实现程度。要求在构建低碳创新网络创新效率评价指标体系时，在保证指标的评估与决策指导前提下，需要充分考虑指标数据获取的难易程度，尽量选择简明扼要，具有较强操作性的指标。因此，在设计低碳创新网络创新效率评价指标时，不宜选择数量过多、获取难度大的指标，尽可能选择能够反映效率实际情况的少数指标，保证指标数据的顺利获取。

（5）适量性原则

适量性原则是指在构建评价指标体系时所选择的评价指标数量的适合程度。采用 DEA 方法进行效率评价时，首要问题就是选择适当的投入、产出指标。现有研究表明，评价指标的数量需要适应决策单元数量，假设有 m 个投入变量，n 个产出变量，i 个决策单元，即 $\max\{mn,3(m+n)\}\leqslant i$。

6.1.2 基于社会网络理论的低碳创新网络创新效率的影响因素分析

效率属于经济学概念，用于衡量个体或组织在完成既定目标过程中的投入产出比。根据 2.2.4 节界定的低碳创新网络效率的内涵，低碳创新网络创新效率是借助低碳经济机遇和节能减排约束为创新导向，是低碳创新网络中各利益相关主体在技术研发、产品生产以及运营管理等创新过程中投入的各类创新资源转化为有效成果的比率，反映低碳创新网络的创新成果产出效率，是对低碳、节能、环保等低碳目标实现程度的综合衡量。因此，将低碳创新网络的创新投入因素和创新产出因素纳入低碳创新网络创新效率的影响因素分析中。社会网络理论认为现实网络是由多个个体或组织组成的，在某种原因作用下形成的社会关系，社会关系同时受到自身和社会环境的双重影响作用。因此，基于社会网络理论，考虑外部社会环境对低碳创新网络创新效率的影响作用，将环境因素纳入低碳创新网络创新效率的影响因素分析中。综上所述，从投入因素、产出因素以及环境因素三个层面分析低碳创新网络创新效率的影响因素。

（1）投入因素

低碳创新网络创新效率作为环境效率的重要组成部分，提升低碳创新网络创新效率是实现节能减排和低碳经济的根本途径（Forster et al.，2015）。低碳创新网络是一个多主体、多要素投入与产出的复杂动态系统，在整个过程中的投入涉及人力、财力和物力等多项指标。本章从低碳创新网络创新主体中的企业视角出发，对企业的低碳创新网络投入产出进行分析。将低碳创新网络涉及的创新投入要素都纳入评价指标体系中，作为低碳创新网络创新效率的重要组成部分，创新投入指标体现了创新资源投入的数量和质量。从研发投入和非研发投入两个方面互为补充对低碳创新网络创新效率进行测算，研发投入包括人员投入和研发资本投入，非研发投入包括固定资产投入和能源投入，如图 6.1 所示。第一，研发人员投入，人力资本的投入是低碳创新的基础性核心资源要素，选择研发人员全时当量表示（李牧南等，2017）；第二，研发资本投入，研发资本投入常采用研发经费内部支出进行衡量，但研发经费内部支出属于流量指标，而研发资本投入对于创新的影响不仅表现在当期，还有后期的长远影响，因此本章采用研发资本存量对研发资本投入进行衡量，采用永续盘存法测算研发资本存量（尹建华和周鑫悦，2014）。首先，研发投入采用研发经费，以 GDP 平减指数折算为以 2010 年为基期的实际值。在此基础上，借鉴扣和海普曼（Coe and Helpman）的方法计算基期的研发资本存量，公式为 $srd_{i,2009} = rd_{i,2009}/(g + \varphi)$，$g$ 代表 2010～2015 年研发投入的平均增长率，φ 代表研发资本的折旧率，取值 5%。其余每年研发资本存量的计算公式为：$srd_{i,t} = rd_{i,t} + srd_{i,t-1}(1 - \varphi)$，$rd_{i,t}$ 代表 t 年 i 产业的研发投入，$srd_{i,t}$ 代表 t 年 i 产业的研发资本存量，$srd_{i,t-1}$ 代表 $t-1$ 年 i 产业的研发资本存量。第三，固定资产投入，采用固定资产投资总额表示制造业各产业的固定资产投入情况；第四，能源投入，低碳创新旨在降低能耗、减少环境污染，能源投入是开展低碳创新的基础也是影响低碳创新网络创新效率的关键要素，选择能源消费总量表示能源投入情况。

（2）产出因素

① 期望产出。低碳创新网络的创新过程不仅要重视低碳创新的环境与生态效益，还要考虑创新主体的经济效益的出发点，在建立低碳

创新网络中应体现出创新主体的经济性特征。专利申请数能够充分展现低碳技术的革新与低碳创新发展的实际情况，与专利授权数相比，专利申请数据不存在时间滞后性，受人为影响较小。依照3.2节中采用专利申请数据作为低碳创新网络的构建基础，本节继续采用低碳专利申请数作为衡量创新主体低碳创新潜在市场收益的期望产出，但专利申请数无法准确展现低碳创新网络创新成果的市场价值转化能力，因此，选择新产品销售收入作为衡量创新主体低碳创新成果转化收益的期望产出。

② 非期望产出。通过文献梳理，在衡量低碳创新网络创新效率的过程中应考虑环境污染产物，尤其以工业三废（废水、废气和固体废弃物）为代表，其中，以工业废气中SO_2排放量近似替代废气排放量，借鉴现有研究成果，利用熵值法将各行业的工业废水、工业SO_2、工业固体废弃物排放量折算成环境污染综合指数作为低碳创新网络创新效率评价指标体系的非期望产出指标（黄清煌和高明，2017）。熵值法的计算过程如下：

第一，数据标准化。鉴于工业三废数据的量纲不同，首先需要进行数据标准化，标准化公式为 $B_{ij} = A_{ij} / \sum_{i=1}^{m} A_{ij}$。$A_{ij}$ 为第 i 个样本的第 j 个指标的数据，B_{ij} 为标准化后的数据，i 为年份$(i = 1, \cdots, m)$，j 为工业三废污染指标$(j = 1, \cdots, n)$。

第二，污染指标的熵值、变异系数与权重的计算。第 j 项污染指标的熵值：$h_j = -(1/\ln m) \sum_{i=1}^{m} B_{ij} \ln B_{ij}$。第 j 项污染指标的变异系数：$k_j = 1 - h_j$。第 j 项污染指标的权重：$w_j = k_j / \sum_{j=1}^{n} k_j$。

第三，环境污染综合指数值：$C_i = \sum_{j=1}^{n} B_{ij} w_j$。环境污染综合指数的计算结果如表6.1所示。2010~2011年，环境污染综合指数处于下降趋势，2011年是"十二五"开局年，国家倡导发展低碳经济使得环境污染综合指数有所下降。2011~2013年处于上升趋势，在2013年达到6年内的最高值0.193，2013年我国出现了严重的雾霾天气，雾霾的广泛集中暴发表明环境的承载能力已经到达临界值，亟须实现经济增长的转型升级，同年，国务院颁布了《大气污染防治行动计划》，实施严厉的污染治理"国十条"，2014年初见成效，而后2014～2015年环境污染综合指数再次出现下降趋势。2010～2015年环境污染综合指数的行业均值中，黑色金属冶炼及压延加工业企业平均污染环境综合指数最高为0.167。食品制造业的平均污染环境综合指数最低为0.142。

表6.1　　　　2010～2015年分行业制造企业环境污染综合指数

行业	2010年	2011年	2012年	2013年	2014年	2015年	均值
C13	0.153	0.157	0.166	0.159	0.181	0.167	0.164
C14	0.228	0.057	0.189	0.186	0.165	0.027	0.142
C15	0.214	0.148	0.152	0.149	0.156	0.167	0.164
C16	0.070	0.011	0.148	0.337	0.317	0.034	0.153
C17	0.175	0.204	0.170	0.152	0.150	0.144	0.166
C18	0.128	0.294	0.120	0.119	0.152	0.159	0.162
C19	0.113	0.184	0.167	0.160	0.176	0.186	0.164
C20	0.111	0.143	0.150	0.140	0.173	0.258	0.162
C21	0.240	0.127	0.123	0.178	0.170	0.157	0.166
C22	0.158	0.305	0.129	0.143	0.133	0.129	0.166
C23	0.091	0.072	0.150	0.143	0.174	0.289	0.153
C24	0.068	0.164	0.175	0.178	0.171	0.221	0.163
C25	0.149	0.136	0.173	0.160	0.172	0.175	0.161
C26	0.121	0.086	0.162	0.187	0.180	0.186	0.154
C27	0.105	0.182	0.216	0.105	0.175	0.203	0.164
C28	0.200	0.104	0.151	0.157	0.167	0.164	0.157
C31	0.044	0.046	0.040	0.802	0.033	0.035	0.167
C32	0.123	0.128	0.119	0.359	0.129	0.135	0.165
C33	0.089	0.162	0.150	0.210	0.167	0.187	0.161
C34	0.359	0.082	0.127	0.112	0.132	0.121	0.155
C35	0.201	0.269	0.140	0.138	0.122	0.117	0.165
C37	0.222	0.135	0.170	0.172	0.178	0.084	0.160
C38	0.104	0.112	0.160	0.190	0.184	0.235	0.164
C39	0.161	0.036	0.315	0.108	0.149	0.162	0.155

续表

行业	2010 年	2011 年	2012 年	2013 年	2014 年	2015 年	均值
C40	0. 424	0. 059	0. 153	0. 085	0. 116	0. 142	0. 163
全行业均值	0. 162	0. 136	0. 157	0. 193	0. 161	0. 155	0. 161

注：参考中华人民共和国国家标准（GB/T 4754—2017）的国民经济行业分类代码，制造业对应各行业的代码详情为：C13 农副食品加工业，C14 食品制造业，C15 酒、饮料和精制茶制造业，C16 烟草制品业，C17 纺织业、C18 纺织服装、服饰业，C19 皮革、毛皮、羽毛及其制品和制鞋业，C20 木材加工和木、竹、藤、棕、草制品业，C21 家具制造业，C22 造纸及纸制品业，C23 印刷和记录媒介复制业，C24 文教、工美、体育和娱乐用品制造业，C25 石油、煤炭及其他燃料加工业，C26 化学原料和化学制品制造业，C27 医药制造业，C28 化学纤维制造业，C31 黑色金属冶炼及压延加工业，C32 有色金属冶炼及压延加工业，C33 金属制品业，C34 通用设备制造业，C35 专用设备制造业，C37 铁路、船舶、航空航天和其他运输设备制造业，C38 电气机械及器材制造业，C39 计算机、通信和其他电子设备制造业，C40 仪器仪表及文化办公用机械制造业 25 类制造业行业企业，其中，C36 汽车制造业、C29 橡胶和塑料制品业、C30 非金属矿物制品业、C41 其他制造业、C42 废弃资源综合利用业和 C43 金属制品、机械和设备修理业这六个行业缺失数据较多，故予以剔除。

（3）环境因素

鉴于低碳创新网络的发展特点，从市场竞争、外资引进和环境规制三方面提出低碳创新网络创新效率的环境指标（叶丹和黄庆华，2017）。第一，市场竞争（MC），激烈的市场竞争导致现有技术和产品无法满足企业发展的需要，刺激企业进行低碳技术创新，行业内部的企业数与市场竞争剧烈程度正相关，选择制造业企业单位数作为市场竞争的衡量指标。第二，外资引进（FI），国内企业的低碳技术水平与外资企业相比较低，外资能够有效促进国内低碳创新网络创新效率的提升，同时反映了低碳创新网络的开放程度，选择固定资产投资资金中利用外资作为外资引进的衡量指标。第三，环境规制（ER），反映政府引导企业开展低碳创新的力度，环境规制越有效，越有利于促进低碳创新网络创新效率提升，选择环境污染治理投资增长率作为环境规制的衡量指标。

6.1.3 基于社会网络理论的低碳创新网络创新效率评价指标体系的建立

低碳创新网络创新效率评价指标体系能够展示出各个指标之间的相互

关系，如图 6.1 所示，目标层为低碳创新网络创新效率，准则层为低碳创新网络投入指标、低碳创新网络产出指标和低碳创新网络环境指标，领域层是指能够直接反映低碳创新网络创新投入、产出和环境的相应领域，包括 R&D 投入、非 R&D 投入、期望产出、非期望产出、市场竞争、外资引进和环境规制，指标层是指相关领域的量化指标，投入产出指标包括 R&D人员全时当量、研发资本存量、固定资产投资总额、能源消费总量、低碳专利申请授权数、新产品销售收入、环境污染综合指数，环境指标包括制造业企业单位数、固定资产投资资金中利用外资、环境污染治理投资增长率。构建的基于社会网络的低碳创新网络创新效率评价指标体系能够充分、客观地反映低碳创新网络投入产出水平，符合 6.1.1 节中的构建原则。

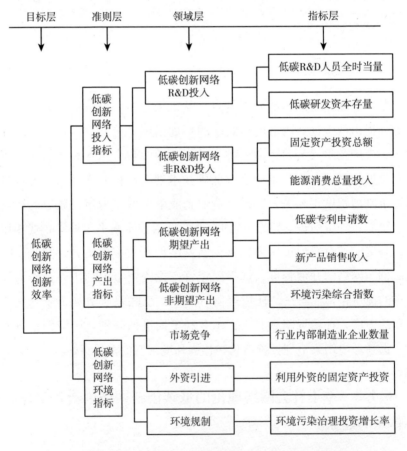

图 6.1 基于社会网络理论的低碳创新网络创新效率评价指标体系

6.2　基于社会网络理论的低碳创新网络创新效率的评价方法

6.2.1　三阶段 DEA 综合评价方法的适用性

现有创新效率的研究，多采用前沿分析法测算相对效率，通过投入产出变量值确定最佳效率的前沿面，再计算出各个决策单元的投入产出与前沿面之间的差距。前沿分析法包括参数分析法与非参数分析法。参数分析法需要通过前沿生产函数或成本函数对函数参数进行估算的基础上计算创新效率水平，主要包括随机前沿分析法和自由分布法。非参数分析法需要通过投入产出观测值确定生产可能性集合，并计算出确定投入时的产出与确定产出时的投入值，主要包括数据包络分析法和无边界分析法。其中较为常用的是随机前沿分析法和数据包络分析法。

（1）随机前沿分析法

安格尔等（Aigner et al., 1977）提出了随机前沿分析模型 $Y_i = f(x_j; \beta_i)\exp(v_i)\exp(-u_i), i = 1, 2, \cdots, n$，其中，$Y_i$ 为最大产出，x_j 为投入，β 为参数估计，v_i 为误差项，u_i 为技术无效率。利用柯布 - 道格拉斯生产函数，公式变为：

$$\ln Y_i = \beta_0 + \sum \beta_i + \ln x_{ij} + v_i - u_i, i = 1, 2, \cdots, n \qquad (6-1)$$

其中，$v_i - u_i$ 是混合误差项，随机误差项 $v_i \sim N(0, \sigma_v^2)$，技术无效率 $u_i \sim N(0, \sigma_u^2)$，$v_i$ 和 u_i 相互独立。效率为产出与其相应的前沿的比值，$TE_i = q_i / \exp(x_i'\beta + v_i) = \exp(-u_i)$，$TE_i \in [0, 1]$，效率值为决策单元产出与完全有效利用相同投入的产出值的相对差异。但是，SFA 仅适用于一项产出变量的情况，不可用于多投入多产出的复杂型系统创新效率评价。

（2）数据包络分析法

查恩斯等（Charnes et al., 1978）提出了数据包络分析法（DEA），运用线性规划解决多投入多产出的效率评价问题。CCR 模型为数据包络分析法的基础模型，效率评价过程中能够根据评价需求选择投入或产出导向，投入导向是指既定产出时最小化投入，产出导向是指既定投入时最大化产出，但是，CCR 模型的规模报酬不可变。为解决 CCR 模型的这一缺点，班克（Banker，1984）提出了在规模报酬可变的条件下计算相对效率值的 BCC 模型，如式（6-2）所示。通过 BCC 模型测算的综合效率值可以分解为纯技术效率与规模效率，纯技术效率体现资源配置能力，规模效率体现规模水平。BCC 模型不需要确定生产函数，可以评价多投入多产出，无须赋权，不受量纲影响，但是 BCC 模型无法衡量产出为负的情况。

$$\min\theta = \theta_0 - \varepsilon\left(\sum_{i=1}^{m} s^+ + \sum_{r=1}^{p} s^-\right) \qquad (6-2)$$

$$\text{s. t.} \begin{cases} \sum_{j=1}^{n} \lambda_j x_{ij} + s^+ = \theta_0 x_{i0} \\ \sum_{j=1}^{n} \lambda_j y_{rj} - s^- = y_{r0} \\ \sum_{j=1}^{n} \lambda_j = 1 \\ s^- \geqslant 0; s^+ \geqslant 0; \lambda_j \geqslant 0 \end{cases}$$

近年来，DEA 方法得到了改进和扩展。针对传统 BBC 和 CCR 模型投入冗余和产出不足的局限性，托恩（Tone，2009）提出实现效益比例和经济效益最大化的经济目标的 SBM 模型，同时提出了用以评价有效决策单元的 SBM 超效率模型，弥补了 SBM 模型无法对有效决策单元进行排序的不足。龙亮军和王霞（2017）等利用 SBM 超效率模型对生态福利效率水平进行了测评，宫大鹏等（2015）利用考虑非期望产出的 SBM 超效率模型评价了中国省际工业化石能源效率。但是，SBM 超效率模型在求解过程中决策单元可以增加投入减少产出，无法"自由"地让每个投入产出进行移动，得到的效率值有可能未达到前沿面上的帕累托效率点。为了解决此问题，陈（Chen，2013）提出了 J-SBM 评价模型。在此基础上，吴和董（Wu and Dong，2015）利用 J-SBM 模型对中国 31 个省级政府网站的电子政务效率进行了评估。

考虑外界环境对现实效率的影响，传统 DEA 模型无法反映效率的真实值，弗莱德（Fried，2002）提出了有效剔除环境因素的影响的 BBC-Tobit-BBC 和 BBC-SFA-BBC 模型，利用松弛变量对投入进行调整后再计算效率值，但模型仅面向最不友好的环境，需要最值正向调整并且忽视了随机干扰对效率值的影响作用。基于此，德雷克等（Drake et al.，2006）将 SBM 模型与三阶段 DEA 模型结合，建立了 Input-oriented SBM-Tobit-SBM 模型。为了弥补现有模型的缺陷，阿莫克兰（Avkiran and Rowlands，2009）提出了可以同步调整投入产出的 SBM-Tobit-SBM 模型，同时，构建了考虑随机干扰的 SBM-SFA-SBM 模型，但仍需要进行最值正向调整。针对此问题，陈凯华等（2015）构建了一个灵活的、无须对环境因素差异性影响进行强制性正向调整的 RAM-TOBIT-RAM 的改进效率模型（陈凯华和汪寿阳，2014），并在此基础上，陈凯华等（2015）提出了无须强制性调整环境因素与随机干扰影响的 RAM-SFA-RAM 三阶段组合效率测度改进模型，避免了通过最值正向调整对效率测算造成的偏误。随着三阶段 DEA 模型的成熟与发展，三阶段 DEA 模型常被运用于产业或区域效率的测评中，祖拉和弗朗西斯科（Zuray and Francisco，2011）对劳动所有权和商业企业进行了三阶段 DEA-SFA 效率分析。蒂亚戈和本杰明（Thiago and Benjamin，2017）从宏观和微观两个视角对银行样本数据进行了 DEA-SFA 效率分析。

Malmquist 指数通过衡量本期到下期生产率的变化反应效率的动态变化。计算公式如式（6-3）所示。其中，TFP 代表全要素生产率，TC 代表技术进步变化指数，EC 代表技术效率变化指数，PEC 代表纯技术效率变动指数，SCE 代表规模效率变动指数。计算结果中 TFP 大于 1 表示效率上升，TFP 等于 1 表示效率不变，TFP 小于 1 表示效率下降。当 TC、EC、PEC 和 SEC 均大于 1 时，说明现阶段的技术投入、技术水平与规模合理，能够促进效率的提升。

$$M(x^{t+1}, y^{t+1}, x^t, y^t) = (M^t \times M^{t+1})^{\frac{1}{2}}$$

$$= \left[\frac{D_c^t(x^{t+1}, y^{t+1})}{D_c^t(x^t, y^t)} \times \frac{D_c^{t+1}(x^{t+1}, y^{t+1})}{D_c^{t+1}(x^t, y^t)} \right]^{\frac{1}{2}}$$

$$= TC \times EC = TC \times PEC \times SEC$$

$$= TFP \qquad\qquad (6-3)$$

综上所述，三阶段 DEA 模型集合了 SFA 与 DEA 模型的优势，能够有效剔除环境因素和随机干扰的影响，利用松弛变量和环境变量，对投入、产出变量进行调整，再计算每个决策单元的效率值。根据6.1.2 所构建的基于社会网络理论的低碳创新网络创新效率评价指标体系，低碳创新网络的创新活动涉及多种投入和多种产出指标，同时，创新效率不仅要受到自身管理水平的影响，还要受到环境因素和随机误差的干扰。因此，三阶段 DEA 模型适用于本章对低碳创新网络创新效率的测算。

6.2.2　J-SBM 三阶段 DEA 模型

为全面、准确地对低碳创新网络创新效率进行测算，将 J-SBM 模型与三阶段 DEA 模型相结合，创新构建考虑非期望产出的 J-SBM 三阶段 DEA 模型。J-SBM 三阶段 DEA 模型涉及三个阶段的处理分析，如图 6.2 所示。

图 6.2　J-SBM 三阶段 DEA 模型流程

（1）第一阶段：J-SBM 模型

以陈等（Chen et al.，2013）提出的 SBM 综合模型（J-SBM 模型）作为低碳创新网络创新效率的基础测算模型。J-SBM 模型具有以下优点：其一，可以同时测算无效率决策单元与超效率决策单元的效率值，并保证全部决策单元的参考点为帕累托最优；其二，任意决策单元的效率值在输入和输出空间都是连续的。因此，J-SBM 模型可以获取被评估决策单元的更多信息并揭示决策单元效率值的意义。为了符合低碳创新网络创新效率的实际生产情况，将非期望产出引入 J-SBM 模型，得出考虑非期望产出的改进 J-SBM 模型。该模型包括 k 个决策单元，$k = 1$，$\cdots$，n，每个决策单元有 m 个投入变量 X，$X = [x_1, \cdots, x_n] \in R^{m \times n}$，$s_1$ 个期望产出变量 Y^g，$Y^g = [y_1^g, \cdots, y_n^g] \in R^{s_1 \times n}$，$s_2$ 个非期望产出变量 Y^b，$Y^b = [y_1^b, \cdots, y_n^b] \in R^{s_2 \times n}$，$s_i^-$、$s_r^{g+}$、$s_q^{b+}$、$\tilde{s}_r^{g+}$、$\tilde{s}_q^{b+}$ 为投入、期望产出和非期望产出的松弛变量，λ_i 为第 k 个决策单元对于效率前沿面的贡献系数。考虑非期望产出的 J-SBM 模型如式（6 - 4）所示。

$$\min \phi_k = \frac{JSBM_k^x}{JSBM_k^y} - M[b_1 + (1 - b_1) b_2] \qquad (6 - 4)$$

s. t. :

$$JSBM_k^x = 1 - \frac{1}{m} \Big[b_1 \Big(\sum_{i=1}^{m} \frac{s_i^-}{x_{ik}} \Big) - (1 - b_1) b_2 \Big(\sum_{i=1}^{m} \frac{s_i^-}{x_{ik}} \Big)$$
$$+ (1 - b_1)(1 - b_2) \Big(\sum_{i=1}^{m} \frac{\tilde{s}_i^-}{x_{ik}} \Big) \Big]$$

$$JSBM_k^y = 1 + \frac{1}{s} \Big[b_1 \Big(\sum_{r=1}^{s_1} \frac{s_r^{g+}}{y_{rk}} + \sum_{q=1}^{s_2} \frac{s_q^{b+}}{y_{qk}} \Big) - (1 - b_1) b_2 \Big(\sum_{r=1}^{s_1} \frac{s_r^{g+}}{y_{rk}} + \sum_{q=1}^{s_2} \frac{s_q^{b+}}{y_{qk}} \Big)$$
$$+ (1 - b_1)(1 - b_2) \Big(\sum_{r=1}^{s_1} \frac{\tilde{s}_r^{g+}}{y_{rk}} + \sum_{q=1}^{s_2} \frac{\tilde{s}_q^{b+}}{y_{qk}} \Big) \Big]$$

$$(\text{I}) \begin{cases} b_1 \Big(\sum_{j=1, j \neq k}^{n} \lambda_j x_{ij} \Big) = b_1 (x_{ik} - s_i^-), i = 1, \cdots, m \\ b_1 \Big(\sum_{j=1, j \neq k}^{n} \lambda_j y_{rj} \Big) = b_1 (y_{rk} + s_i^{g+}), r = 1, \cdots, s_1 \\ b_1 \Big(\sum_{j=1, j \neq k}^{n} \lambda_j y_{qj} \Big) = b_1 (y_{qk} - s_i^{b+}), q = 1, \cdots, s_2 \end{cases}$$

$$(\text{II}) \begin{cases} (1 - b_1) b_2 \Big(\sum_{j=1, j \neq k}^{n} \lambda_j x_{ij} \Big) = (1 - b_1) b_2 (x_{ik} - s_i^-), i = 1, \cdots, m \\ (1 - b_1) b_2 \Big(\sum_{j=1, j \neq k}^{n} \lambda_j y_{rj} \Big) = (1 - b_1) b_2 (y_{rk} + s_i^{g+}), r = 1, \cdots, s_1 \\ (1 - b_1) b_2 \Big(\sum_{j=1, j \neq k}^{n} \lambda_j y_{qj} \Big) = (1 - b_1) b_2 (y_{qk} - s_i^{b+}), q = 1, \cdots, s_2 \end{cases}$$

$$(\text{III})\begin{cases} (1-b_1)(1-b_2)\left(\sum_{j=1,j\neq k}^{n}\lambda_j x_{ij}\right)=(1-b_1)(1-b_2)(x_{ik}-\tilde{s}_i^-), i=1,\cdots,m \\ (1-b_1)(1-b_2)\left(\sum_{j=1,j\neq k}^{n}\lambda_j y_{rj}\right)=(1-b_1)(1-b_2)(y_{rk}+\tilde{s}_r^{g+}), r=1,\cdots,s_1 \\ (1-b_1)(1-b_2)\left(\sum_{j=1,j\neq k}^{n}\lambda_j y_{qj}\right)=(1-b_1)(1-b_2)(y_{rk}-\tilde{s}_q^{b+}), q=1,\cdots,s_2 \end{cases}$$

$\lambda_j \geq 0$，$s_i^- \geq 0$，$s_r^+ \geq 0$，$b_1, b_2 \in \{0,1\}$，M 为足够大正数。

在 J-SBM 模型中，b_1 和 b_2 为二元变量，用于控制约束条件 I、II、III 情况的选择。对于无效率决策单元，选择 I 作为 SBM 模型的约束条件，$b_1 = b_2 = 1$；对于有效率的决策单元，选择 II 作为 SBM 模型的约束条件 $b_1 = 0$，$b_2 = 1$；对于不是帕累托效率的决策单元，将激活 III 作为约束条件，$b_1 = 1$，$b_2 = 0$，该决策单元的超效率得分会被校正。约束条件 III 的设置是为了校正 SBM 超效率模型引起的帕累托效率较低的参考点引起的误估效率值。J-SBM 模型的效率值 $\bar{\varphi}_k^*$ 为不包括 M 部分的最优目标值，如式（6-5）所示。

$$\bar{\varphi}_k^* = \varphi_k^* + M[b_1^* + (1-b_1^*)b_2^*] \qquad (6-5)$$

（2）第二阶段：基于 SFA 模型的投入产出调整

SFA 回归的目的是剔除环境因素、管理无效率和随机误差项对效率测度的影响，将所有决策单元调整于相同环境中。根据弗莱德（Fried，2002）的研究，以第一阶段的投入松弛作为被解释变量，环境变量作为解释变量，构建相似 SFA 模型，如式（6-6）所示。

$$S_{ij} = f(Z_j; \beta_i) + \nu_{ij} + \mu_{ij}; j = 1,2,\cdots,J; i = 1,2,\cdots,I \qquad (6-6)$$

其中，S_{ij} 是第 j 个决策单元第 i 项投入的松弛值；Z_j 是环境变量，β_i 是环境变量的系数；混合误差项 $\varepsilon_{ij} = \nu_{ij} + \mu_{ij}$，其中，$\nu_{ij}$ 是随机误差项，表示随机干扰因素对投入松弛变量的影响，且 $\nu_{ij} \sim N(0, \sigma_{i\nu}^2)$；$\mu_{ij}$ 是管理无效率，表示管理因素对投入松弛变量的影响，假设其服从在零点截断的正态分布，即 $\mu \sim N^+(0, \sigma_{j\mu}^2)$。通过 SFA 模型的估计结果，调整决策单元的投入量，调整公式如式（6-7）所示。

$$X_{ij}^A = X_{ij} + \left[\max(f(Z_j;\hat{\beta}_i)) - f(Z_j;\hat{\beta}_i) \right] + \left[\max(\nu_{ij}) - \nu_{ij} \right]$$
$$j = 1,2,\cdots,J; i = 1,2,\cdots,I \qquad (6-7)$$

其中，X_{ij}^A 是调整后的投入；X_{ij} 是调整前的投入；$\left[\max(f(Z_j;\hat{\beta}_i)) - f(Z_j;\hat{\beta}_i) \right]$ 是指每个 DMU 的第 j 项投入调整到受现有环境变量最大影响的情况下，也就是最差的外部环境下需要调整的投入量；$\left[\max(\nu_{ij}) - \nu_{ij} \right]$ 是指将其处于最大的随机干扰下需要调整的投入量，即将所有 DMU 置于同等的运气水平中。

（3）第三阶段：调整后的 J-SBM 模型测算

将第二阶段调整后的投入和产出数据，重新代入 J-SBM 模型，测算每个决策单元的效率。由于第二阶段已过滤掉环境因素、管理无效率和随机误差项的影响，此时得到的效率值只反映经营管理水平的效率情况。

6.3 基于社会网络理论的低碳创新网络创新效率实证评价与结果分析

6.3.1 样本选择与数据来源

鉴于低碳创新网络创新效率的特殊性，充分考虑 J-SBM 三阶段 DEA 模型的构成以及数据的可得性，由于 2016 年以后分行业的工业废水、废气和固体废物排放量的数据缺失，因此，研究的时间范围确定为 2010 ~ 2015 年低碳创新网络投入与产出指标测量的实证样本采用我国制造业 2010 ~ 2015 年 25 个行业的面板数据。数据来源于《中国统计年鉴》《工业企业科技活动年鉴》《中国环境统计年鉴》以及中国国家知识产权局网。为消除环境因素数据量纲影响，对数据作对数和标准化处理。本书将每个行业的每一年视作一个 DUM，模型中包含 150 个 DUMs，满足

$\max\{4\times3,3(4+3)\}\leqslant150$。

6.3.2　实证分析过程

（1）第一阶段：运用 J-SBM 评价模型的测算结果

通过 J-SBM 模型对 2010～2015 年我国制造业 25 类行业的低碳创新网络创新效率值进行测算，结果如表 6.2 所示。

表6.2　　　2010～2015 年制造业 25 类行业的低碳创新网络创新效率值

行业	2010 年	2011 年	2012 年	2013 年	2014 年	2015 年	均值
C13	0.1566	0.1354	0.1560	0.1331	0.1337	0.1028	0.1363
C14	0.1913	0.1552	0.1672	0.1623	0.1621	0.1346	0.1621
C15	0.1904	0.1159	0.1639	0.1468	0.1383	0.1025	0.1430
C16	1.1224	1.1996	1.1998	1.2579	1.2313	1.3571	1.2280
C17	0.3207	0.2575	0.2741	0.2309	0.2365	0.1988	0.2531
C18	1.0298	0.2913	1.0455	1.0471	1.0288	1.0481	0.9151
C19	0.3573	0.3185	0.3311	0.3544	0.3388	0.2858	0.3310
C20	0.3092	0.2407	0.2489	0.2043	0.1619	0.1144	0.2132
C21	1.1158	1.1131	1.0677	1.0454	0.5352	1.0777	0.9925
C22	0.1806	0.1266	0.1576	0.1190	0.1425	0.0962	0.1371
C23	0.1836	0.2037	0.2831	0.3588	0.3344	0.2634	0.2712
C24	1.1482	1.1115	1.1242	1.1232	1.1130	1.0999	1.1200
C25	0.1177	0.0825	0.1172	0.1450	0.1376	0.1089	0.1182
C26	0.1277	0.1334	0.1507	0.1329	0.1367	0.0922	0.1289
C27	0.3018	0.2478	0.2678	0.2874	0.2677	0.1823	0.2591
C28	0.2965	0.2168	0.2073	0.2058	0.1940	0.1179	0.2064
C31	0.1845	0.1284	0.1058	0.1025	0.1047	0.0973	0.1205
C32	0.1824	0.1460	0.2539	0.2180	0.2337	0.0999	0.1890
C33	0.2290	0.2503	1.0469	1.0272	1.0113	0.1717	0.6227
C34	0.3803	0.4415	0.5009	0.5508	0.4518	0.4898	0.4692

行业	2010 年	2011 年	2012 年	2013 年	2014 年	2015 年	均值
C35	0.4441	0.5189	0.4458	0.4773	0.4644	0.6302	0.4968
C37	1.0368	1.0360	1.0356	1.0173	1.0161	1.1408	1.0471
C38	1.2600	1.1257	1.1808	1.1015	1.1385	1.0896	1.1494
C39	1.2299	1.1176	1.1528	1.1457	1.1446	1.0798	1.1451
C40	1.0088	1.3238	1.0911	1.3397	1.2230	1.1542	1.1901
均值	0.5242	0.4815	0.5510	0.5574	0.5232	0.4934	0.5218

我国整体上制造业低碳创新网络创新效率均值为 0.5218，未达到 DEA 的效率前沿面，处于非有效情形，表明制造业低碳创新网络创新效率存在较大改进空间。在 2010～2015 年的样本期间内，制造业低碳创新网络创新效率呈现下降—上升—下降的波动状态。制造业 25 类行业的低碳创新网络创新效率横向比较，仅烟草制品业、文教体育用品制品业、交通运输设备制造业、电气机械及器材制造业、通信设备、计算机及其他电子设备制造业、仪器仪表及文化办公用机械制造业这 6 类行业的低碳创新网络创新效率有效，表明这 6 类行业的低碳创新资源冗余相对较少，其低碳创新网络运行机制处于优良状态。其他 19 类行业的低碳创新网络创新效率无效，低碳创新网络的投入产出存在较大改善空间，在未来的低碳创新发展过程中需重视环保与低碳创新质量的均衡性，对低碳创新资源进行优化配置，促进低碳创新产出的提升和经济效益与环境效益的协调发展。

为进一步探讨我国制造业 25 类行业的低碳创新网络创新效率动态变化情况，对我国制造业各行业低碳创新网络的 Malmquist 指数进行计算，以考察本期到下期效率的变化情况，结果如表 6.3 与表 6.4 所示。由表 6.3 可知，考察期内，我国制造业各行业的低碳创新网络创新效率平均上升 12.35%，其中技术进步水平上升 14.61%，技术效率上升 0.97%，我国制造业各行业的低碳创新网络创新效率处于动态上升趋势，低碳创新网络的 Malmquist 指数均超过 1，表明制造业各行业的低碳创新网络创新效率在考察期内整体上有所改善。

表 6.3　　2010～2015 年制造业企业低碳创新网络 Malmquist 指数及其分解

年份	MI	TC	EC	PEC	SEC
2010～2011	1.2565	1.4356	0.8887	1.3049	1.2464
2011～2012	1.2832	0.9718	1.3282	0.8748	1.2211
2012～2013	1.0586	1.0699	0.9922	1.0987	1.0541
2013～2014	1.0087	1.0521	0.9592	1.0581	1.0129
2014～2015	1.0107	1.2011	0.8802	1.0320	1.2877
均值	1.1235	1.1461	1.0097	1.0737	1.1644

表 6.4　　　　　　2010～2015 年制造业各行业平均低碳创新网络

Malmquist 指数及其分解

行业	MI	TC	EC	PEC	SEC
C13	1.0771	1.1828	0.9287	1.1719	1.0144
C14	1.0907	1.1857	0.9377	1.1929	0.9921
C15	1.0409	1.1787	0.9203	1.1625	1.0120
C16	1.0348	0.9959	1.0396	0.7894	1.2866
C17	1.0574	1.1779	0.9149	1.5030	1.6510
C18	1.4058	1.2005	1.3749	1.1315	1.0452
C19	1.0880	1.1474	0.9602	0.7903	1.4953
C20	0.9244	1.1386	0.8265	0.8805	1.4455
C21	1.0058	0.9718	1.0923	0.8203	1.2824
C22	1.0506	1.2060	0.9146	1.1962	1.0061
C23	1.2434	1.1450	1.0973	0.7586	1.7457
C24	0.9970	1.0057	0.9916	0.9312	1.0888
C25	1.1779	1.2187	1.0199	1.2851	0.9836
C26	1.1222	1.2005	0.9519	1.0384	1.1746
C27	1.0491	1.1642	0.9175	1.0849	1.0741
C28	0.9997	1.2147	0.8461	1.2324	0.9855
C31	1.0560	1.2095	0.8879	0.9450	1.4107
C32	1.1096	1.2138	0.9795	1.2007	1.0539
C33	1.5330	1.0986	1.4821	1.2265	0.9501
C34	1.3411	1.2505	1.0599	1.1821	1.1082

续表

行业	MI	TC	EC	PEC	SEC
C35	1. 2323	1. 1390	1. 0856	1. 0919	1. 1131
C37	1. 2467	1. 2137	1. 0206	1. 1098	1. 1085
C38	1. 0306	1. 0635	0. 9732	1. 0582	1. 0045
C39	1. 0008	1. 0286	0. 9753	1. 0077	1. 0207
C40	1. 1734	1. 1012	1. 0442	1. 0512	1. 0583
均值	1. 1235	1. 1461	1. 0097	1. 0737	1. 1644

从我国制造业各行业低碳创新网络创新效率的结构分析发现，2011～2012 年出现低碳技术退步，但是由于技术效率的显著提高，并未造成我国制造业各行业低碳创新网络创新效率的降低。从我国制造业行业低碳创新网络的技术效率变动分析发现，仅 2011～2012 年内呈现上升趋势，增长了 32. 82%，其他考察时期内均下降，说明制造业各行业的低碳创新水平与管理效率亟须改善，低碳创新网络的技术效率下降影响了低碳创新网络创新效率的进一步提升。纯技术效率和规模效率导致技术效率的变动，纯技术效率在 2011～2012 年内下降了 12. 52%，表明此时我国制造业各行业在既定创新资源投入时的创新产出能力不足，其余时期的纯技术效率上升表明我国制造业在既定创新资源投入时的创新产出能力增强。规模效率在全部考察期呈现上升趋势，表明我国制造业各行业低碳创新网络整体规模有效。横向比较制造业 25 类行业的低碳创新网络创新效率，如表 6. 4 所示，在 2010～2015 年考察期内，仅木材加工及木竹藤棕草制品业、文教体育用品制品业、化学纤维制造业 3 类行业的低碳创新网络创新效率有所下降，分别降低了 7. 56%、0. 3% 和 0. 03%，其他类制造业行业的低碳创新网络创新效率均上升。多数类型制造业行业的技术进步水平大于 1，技术效率变化小于 1，导致低碳创新网络创新效率大多有所提升。可见，进一步提高低碳创新网络创新效率的关键在于提升技术效率。

（2）第二阶段：基于 SFA 模型的投入与产出调整

将第一阶段得出的四个投入松弛变量作为被解释变量，选择的市场竞争、外资引进和环境规制这三个环境变量作为解释变量，使用 Frontier4.1 软件对其进行基于 SFA 的随机前沿分析，分析结果如表 6.5 所示。由此可知，2010~2015 年三个环境变量对于投入松弛变量的影响程度，当回归系数为正值时，对应的环境变量的增加将导致投入冗余的增加，从而造成投入的浪费和产出的减少；当回归系数为负值时，增加环境变量将减少投入冗余、增加产出。σ^2 可以反映出投入松弛变量的受到环境变量的影响，σ^2 说明模型具有很好的拟合度；γ 的值均大于 0.6，表明该投入松弛变量始终显著，同时绝大多数数据都通过了 T 检验。

表 6.5　　　　　　　　　　　SFA 参数估计与检验

变量	研发投入	研发资本投入	固定资产投入	能源投入
Constant	19 212.391 *** (122.335)	873 247.270 *** (86.752)	2 837.851 *** (15.599)	− 4 900.105 *** (241.890)
MC	− 3 902.777 ** (1 218.417)	− 227 123.620 *** (821.098)	− 548.429 ** (108.446)	− 456.884 (384.121)
FI	− 8 241.571 ** (1 932.629)	− 28 703.404 *** (555.178)	− 684.196 ** (200.863)	− 2 511.079 ** (572.607)
ER	− 9 730.477 *** (349.535)	− 524 410.210 *** (190.035)	− 385.938 (193.507)	− 6 715.834 *** (372.017)
σ^2	1.226E + 09 *** (1.000)	1.680E + 12 *** (1.000)	1.027E + 07 *** (1.000)	2.294E + 08 *** (1.000)
γ	0.870 *** (0.017)	0.820 *** (0.022)	0.852 *** (0.019)	0.953 *** (0.006)
LR test	100.876	87.233	95.831	207.408

注：*、**、*** 表示在10%、5%和1%的水平上显著。

市场竞争。市场竞争与研发人员投入、研发资本投入以及固定资产投入松弛变量的回归系数为负值，且通过了显著性检验，说明市场竞争对研发人员投入、研发资本投入和固定资产投入松弛变量具有显著的影响作用，市场竞争水平的提升将减少研发人员投入、研发资本投入和固定资产投入的冗余，避免低碳创新网络投入资源的浪费，促进投入资源的有效利用，进而提高低碳创新网络创新效率。这与实际情况相符合，在全球低碳经济可持续发展的背景下，国内的制造业既要面对国内日趋激烈市场竞争压力，还要接受国际市场低碳产品标准的检验，亟须利用低碳创新获得差异化低碳技术与低碳产品等创新成果，通过新技术、新产品来把握国内外市场机遇、获取市场份额与竞争优势。

外资引进。外资引进与研发人员投入、研发资本投入、固定资产投入以及能源投入松弛变量的回归系数为负值，且通过了显著性检验，说明外资引进对研发人员投入、研发资本投入、固定资产投入和能源投入松弛变量具有显著的影响作用，外资引进将减少研发人员投入、研发资本投入、固定资产投入以及能源投入的冗余，避免低碳创新网络投入资源的浪费，增加低碳创新网络的产出，促进低碳创新投入资源的有效利用，进而提高低碳创新网络创新效率。外资引进水平也体现出我国制造业的开放程度，开放程度越高，引领低碳技术的不断更新，促进低碳创新资源的优化配置，进而提升低碳创新网络创新效率。

环境规制。环境规制与研发人员投入、研发资本投入以及能源投入松弛变量的回归系数为负值，且通过了显著性检验，说明环境规制对研发人员投入、研发资本投入和能源投入松弛变量具有显著的影响作用。提升环境规制水平将减少研发人员投入、研发资本投入和能源投入的冗余，减少低碳创新网络投入资源的浪费，促进投入资源的有效利用，进而提高低碳创新网络创新效率。环境规制能够促进了制造业低碳创新意识的提升，并付出污染治理成本，制造业企业为追求利益最大化将尽可能地降低污染治理成本，选择采用新技术或者新产品来提高自身的市场竞争优势。针对制造业各行业的经营与生产特征，优化现有环境规制工具，采取差异化的政策法规，合理分配政府的环境污染治理投资，构建能源消耗与污染治理责任的同比例分配制度。

综上所述，环境因素和随机干扰对低碳创新网络投入冗余的影响较大，故第一阶段不考虑环境因素和随机干扰是不科学的，得出的结果有偏。因此，利用式（6-12）对投入变量的数据进行调整，使制造业各个行业处于同等环境下。

(3) 第三阶段：调整前后低碳创新网络创新效率对比分析

考虑环境因素和随机干扰，利用调整后的投入产出数据，基于 J-SBM 模型重新测算 2010～2015 年我国制造业 25 类行业的低碳创新网络创新效率。

① 低碳创新网络创新效率计算结果的对比分析。对比第一阶段和第三阶段制造业各行业低碳创新网络创新效率计算结果可知，18 类制造业行业低碳创新网络创新效率值有所降低，7 类制造业行业低碳创新网络创新效率值有所提高，如图 6.3 所示。农副食品加工业、食品制造业等 14 个产业的低碳创新网络创新效率值降低超过 40%，8 个产业的低碳创新网络创新效率值降低超过 70%，说明环境因素和随机干扰对这些行业低碳创新网络创新效率的影响是正面的，放大了其低碳创新网络创新效率。化学染料及化学品制造业、黑色金属冶炼及压延加工业等 7 类制造业行业低碳创新网络创新效率值分别提高了 9%、124%、1%、12%、6%、5% 和 2%，表明环境因素和随机干扰对这 7 类制造业行业的影响是负面的，掩盖了其真实的低碳创新网络创新效率，其中通用设备制造业、通信设备、计算机及其他电子设备制造业、电气机械及器材制造业、交通运输设备制造业的低碳创新网络创新效率值分别变动 1%、2%、5% 和 6%，表明环境因素与随机干扰对其影响较小。黑色金属冶炼及压延加工业的低碳创新网络创新效率值由 0.1205 提升至 0.2699，提高 124% 效果最为显著，说明不考虑环境因素和随机干扰影响的效率测算结果是被低估的，可以通过改善以上行业的外部环境来提高其低碳创新网络创新效率。

时间序列层面，制造业 25 类行业低碳创新网络创新效率的第三阶段结果依然呈先上升、后下降、再上升的波动提升态势，2010 年的低碳创新网络创新效率均值为 0.2936，2015 年的低碳创新网络创新效率均值为 0.3451。2015 年家具制造业、交通运输设备制造业、电气机械及器材制造业、通信设备、计算机及其他电子设备制造业以及仪器仪表及文化办公用机械制造业的低碳创新网络创新效率位于前沿面上，效率值分别为 1.0370、1.3084、1.1080、1.0963 和 1.1565。均值层面，第三阶段低碳创新网络创新效率的平均值为 0.3346，较第一阶段的效率均值 0.5218 有所下降，2010～2015 年交通运输设备制造业、电气机械及器材制造业、通信设备、计算机及其他电子设备制造业以及仪器仪表及文化办公用机械制造业 4 个行业的低碳创新网络创新效率均值位于前沿面上，分别为 1.1137、1.2041、1.1644 和 1.0594。电气机械及器材制造业的低碳创新网络创新效率均值为 1.2041，是 25 类制造业行业最高值；木材加工及木竹藤棕草制品业的低碳创新网络创新效率均值为 0.0244，是 25 类制造业行业最低值。同时 17 个制造业行业低碳创新网络创新效率均值低于全行业平均值，尚未达到 0.3346，表明制造业 25 类行业的低碳创新网络发展不均衡，仍有一定的提升空间。

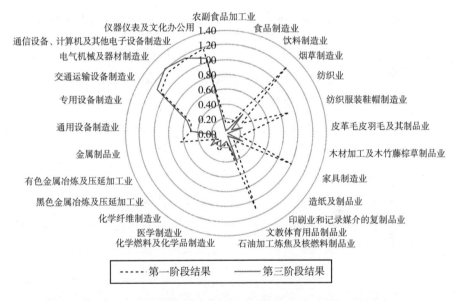

图 6.3　第一阶段和第三阶段的低碳创新网络创新效率对比

② 低碳创新网络的创新生产模式分析。通过因子分析将研发人员投入、研发资本投入、固定资产投入和能源投入的 4 个指标降低维度，利用因子分析法提取一个公因子，计算出低碳创新网络创新投入的综合得分作为低碳创新网络综合创新投入。以低碳创新网络创新效率为纵轴，以综合创新投入为横轴，绘制我国 25 类制造业行业低碳创新网络创新效率值的散点图。通过计算可知，低碳创新网络创新效率的平均值为 0.3346，综合创新投入的平均值为 3.2369，纵轴以 0.3346 为分界点，横

轴以 3.2369 为分界点，该图可以划分为四个象限，如图 6.4 所示。

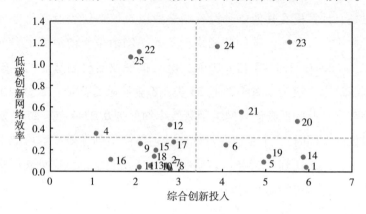

图 6.4 2010～2015 年制造业各行业的综合创新投入与低碳创新网络创新效率

第一象限为"高投入高产出"，处于该象限的行业为通用设备制造业、专用设备制造业等 4 类行业。在第一阶段和第三阶段的低碳创新网络创新效率测算中，电气机械及器材制造业和通信设备、计算机及其他电子设备制造业的效率值均位于效率的前沿面上，高投入高产出表明这 4 类行业的创新投入向技术成果与经济效益的转化都是高效。

第二象限为"低投入高产出"，处于该象限的行业为烟草制品业、文教体育用品制品业等 4 类行业。在第一阶段的低碳创新网络创新效率测算中，这 4 类行业均位于效率前沿面上，利用相对低的创新投入获得较高的效率，应该作为低碳经济发展的重点对象，增加综合创新投入，充分发挥行业资源配置优势，提高低碳创新网络创新效率。

第三象限为"低投入低产出"，处于该象限的行业为食品制造业、饮料制造业、皮革毛皮羽毛及其制品业、木材加工及木竹藤棕草制品业等 12 类行业。这个象限内的行业数量最多，说明现阶段"低投入低产出"的创新生产模式是抑制这 12 类行业低碳创新网络创新效率提升的重要原因，政府可以根据实际情况，给予适量的政策倾斜，增加低碳创新投入的扶持政策。

第四象限为"高投入低产出"，处于该象限的行业为农副食品加工业、纺织业等 5 类行业。其中农副食品加工业的综合创新投入最高，但却没有得到理想的产出效果，应作为主要的改进对象。在发展的同时要

控制投入规模，加强创新投入的管理，优化生产过程机制，对创新投入
资源进行合理化配置，提升低碳创新网络创新效率。

6.3.3　实证分析结果

本书利用2010～2015年我国制造业25类行业的面板数据，考虑环境
因素和随机干扰的影响，创新性构建了包含非期望产出的低碳创新网络
创新效率评价指标体系，利用改进的 J-SBM 三阶段 DEA 模型，得到剔除
了环境因素和随机干扰的低碳创新网络创新效率，基于此，探讨了低碳
创新网络的创新生产模式，明晰了低碳创新体系发展中低碳创新网络创
新效率的"黑箱"。研究结果表明：（1）剔除环境因素和随机干扰后，18
个行业的低碳创新网络创新效率有所下降，其中，14 个产业低碳创新网
络创新效率值降低超过 40%，8 个产业降低超过 70%，说明环境因素和
随机干扰对这些行业低碳创新网络创新效率的影响是正面的，放大了其
低碳创新网络创新效率，反映出环境因素和随机干扰在我国低碳创新网
络创新效率的测算过程中具有显著影响作用；（2）均值层面上，低碳创
新网络创新效率均值在剔除环境因素和随机干扰后，由 0.5218 下降到
0.3346，说明第一阶段低碳创新网络创新效率是被高估的，利用三阶段
DEA 模型对投入变量进行调整是必要的，时间序列层面上，低碳创新网
络创新效率呈波动上升态势，其中交通运输设备制造业、电气机械及器
材制造业、通信设备、计算机及其他电子设备制造业以及仪器仪表及文
化办公用机械制造业 4 个行业的低碳创新网络创新效率均值位于前沿面
上，大多数行业仍有较大的提升空间；（3）通过 SFA 分析可知，环境因
素和随机干扰不可被忽视，对投入松弛均表现出不同程度的影响作用。
市场竞争对研发人员投入、研发资本投入和固定资产投入松弛变量具有
显著的影响作用，外资引进对研发人员投入、研发资本投入、固定资产
投入和能源投入松弛变量具有显著的影响作用，环境规制对研发人员投
入、研发资本投入和能源投入松弛变量具有显著的影响作用；（4）我国
低碳创新网络的创新生产模式位于"低投入低产出"象限的行业占比最
大，反映出我国制造业大部分行业低碳创新网络发展处于要素投入的初

级阶段，需要加大创新投入以获取更高的效率。综上所述，与现有忽略环境因素和随机干扰的影响相比，结论有助于更好地理解低碳创新网络创新效率与环境因素的互动关系，拓展了低碳创新网络问题的研究外延，提高我国低碳创新网络创新效率和资源配置效率，助力低碳经济发展。

6.4 本章小结

本章首先根据低碳创新网络创新效率评价指标体系构建原则，构建了适用于三阶段 DEA 模型的低碳创新网络创新效率评价指标体系；其次，构建了 J-SBM 三阶段 DEA 效率评价模型；最后，利用统计年鉴获取我国制造业的相关数据，对 2010~2015 年的低碳创新网络创新效率进行了实证评价，并于第二阶段分析了环境因素对低碳创新网络创新效率的影响作用。实证结果表明，环境因素和随机干扰对投入松弛变量的影响存在异质性，且在未考虑环境因素和随机干扰时绝大多数产业的低碳创新网络创新效率被高估；低碳创新网络创新效率呈波动上升态势，大部分产业仍存在一定的提升空间；低碳创新网络的创新生产模式位于"低投入低产出"象限的比例最大。

第 **7** 章

基于社会网络理论的低碳创新网络发展对策

　　基于社会网络理论的低碳创新网络机理与创新效率评价研究成果，表明低碳创新网络的建设实践是一项庞大复杂的系统工程，不仅需要企业的主观能动性，还需要强化政府的宏观调控与监管作用、提高学研机构的知识支撑和人才供给作用，完善金融机构与中介机构的服务作用。促进低碳创新网络的建设要以企业的发展为核心，以政府政策扶持和法律约束为导向，以各创新主体的知识共生为基础，通过全社会的配合协作推动低碳创新网络的发展。因此，在前面研究结论的基础上，本章从网络结构和创新主体、网络关系以及外部环境三个层面提出低碳创新网络发展对策，为我国低碳创新网络发展提供决策依据和有益借鉴。

7.1　优化网络结构和创新主体以促进低碳创新网络发展

7.1.1　加强低碳创新主体间交流互动

　　根据 4.6.5 节的实证结果，网络结构对低碳创新网络具有促进作用，优化低碳创新网络结构对低碳创新网络发展尤为关键。构建由龙头企业主导、多种创新主体共同参与的创新网络，强化低碳创新网络发展。各类创新主体共同参与是保证低碳创新网络内部创新资源多样性和可获得性的前提条件和保障因素，有助于低碳创新网络的建立和发展。根据第4章研究可知网络结构对低碳创新网络有正向影响作用，低碳创新网络构建中应该形成以龙头企业为主导、多种创新主体共同参与的网络结构，龙头企业作为低碳创新网络内部的优秀企业，拥有本产业最前沿的低碳技术和最丰富的知识资源，在行业内部能够起到模范带头作用。学研机构是嵌入低碳创新网络的复杂组织，学研机构通过嵌入低碳创新网络的知识网络，将核心技术创新主体（企业）、支撑主体（政府）和服务主体（金融机构、中介机构）等广泛联系起来，进而确保低碳创新网络的有序运行。政府在低碳创新网络中发挥引导作用，建立并完善激励机制，引导大规模的企业嵌入低碳创新网络中，从而激发低碳创新网络的创新活力，带动中小规模的企业发展，在此基础上，构建低碳创新网络生态圈，形成异质性创新主体之间良性有序的互动机制。低碳创新网络的建立，有利于促进低碳创新网络内部产学研协同创新。政府可以协助相关金融、中介机构建立低碳创新服务机制，充分利用金融与中介机构的低碳创新服务功能，重点发展低碳创新网络中的融投资机构、低碳经济行业协会、低碳技术转让机构等，在此基础上通过加深国际中介机构的交流合作，为我国低碳创新网络发展汲取新活力。

7.1.2　着力提升企业的低碳创新能力

第一，提升企业的低碳创新投入能力。据第6章实证分析可知，我国低碳创新网络的创新生产模式位于"低投入低产出"象限的比例最大，表明低碳创新投入是制约低碳创新网络发展的关键因素。由于低碳创新具有双重外部性特征，在研发创新初期需要投入较多的创新成本并伴有较大的研发风险，需要政府对生产低碳产品和开展低碳技术研发的企业采取正向激励手段，制定相应的低碳创新补贴政策，降低企业的创新成本和创新风险。低碳创新补贴需具有针对性，可以根据我国低碳创新网络的发展现状，依据行业类别、低碳技术类别、企业规模、研发难度等要素有针对性地对企业制定差异化补贴策略。低碳创新补贴需具有适度性，适度的低碳创新补贴对企业开展创新活动具有激励作用，过度的低碳创新补贴是对财政资金的浪费。政府可以通过低碳创新低息贷款方式对企业进行创新投入补贴，通过风险投资方式为企业引进研发设备或低碳技术筹集资金，通过融资租赁方式为企业提供大型研发设备的使用权。

第二，提升企业的低碳创新研发能力。据第 2 章分析可知，我国低碳创新与发达国家相比，低碳技术水平和信息化水平较低，低碳创新条件薄弱、低碳创新资源不足导致企业放弃低碳技术的自主研发转向低碳技术的引进，这也是抑制我国低碳创新网络发展的根本原因。同时，据第 5 章分析可知，低碳创新合作成本是影响低碳创新网络演化的重要因素，直接影响低碳创新网络创新主体的合作行为决策。企业应重视低碳工艺创新，加强低碳技术改造力度，采用烟气脱硫、压力流化床联合循环、整体煤气化联合循环等清洁煤技术；设立低碳技术攻坚部门，提升低碳产品的科技含量，增强低碳市场竞争力，并为低碳技术攻坚部门提供与低碳技术研发配套的仪器设备和基础环境，协调研发、生产和管理部门的沟通合作，促进低碳技术创新活动的展开。政府应为企业营造良好的创新环境，重视知识产权保护以降低企业的研发风险，向企业输送低碳技术专业人才以提升企业核心竞争优势，搭建企业的合作创新互动平台以推进低碳技术扩散。

第三，提升企业的低碳创新生产能力。低碳创新网络内部的企业应充分利用网络内部的各种创新资源，制定低碳发展战略，在市场竞争与合作机制的背景下发挥自身在低碳创新网络中的核心主体作用。将低碳技术融入产品的生产过程中，将低碳环保价值注入产品中，充分满足低碳市场需求，增强企业低碳创新生产能力。政府应采取低碳补贴方式鼓励企业对污染排放量高、生产效率低的生产设备进行改造或淘汰，引导高污染企业的生产模式转型，加强低碳生产模式的推广，最终实现企业形成常态化的低碳生产经营模式，推动低碳创新网络的发展进程。

7.1.3　优化低碳创新网络的政策环境

强化政府在低碳创新网络中的支撑作用。据第 6 章分析，创新投入和环境规制对低碳创新网络创新效率具有重要影响作用。第一，增加低碳技术研发投入，建立多渠道融资模式。政府通过设立低碳创新专项基金促进低碳技术的研发、应用以及扩散，鼓励社会资本参与低碳创新，通过建立低碳技术研发中心、低碳技术实验室或低碳技术孵化基地等促进低碳创新主体的空间聚集，促进低碳技术人才、知识和技术的流动以及低碳技术的扩散。通过实施政府补贴、税收优惠等低碳创新优惠政策，加强企业、学研机构、金融机构和中介机构等对低碳创新的重视与投入，促进与国外各类创新主体进行低碳创新合作，拓展低碳创新的创新资源边界、增加低碳创新的投入力度。第二，建立低碳创新公共服务平台。政府主导建立全方位服务于企业、学研机构等创新主体的低碳创新服务平台，例如，低碳信息查询平台、低碳技术咨询平台和低碳技术培训平台等。低碳创新公共服务平台能够整合低碳创新资源，为低碳创新主体提供交流互动平台，为低碳创新合作、低碳技术的转化与扩散提供便捷的公共服务，从根本上促进低碳创新网络的发展。第三，增强低碳创新支持力度。政府不仅要为开展低碳技术研发活动的创新主体给予税收优惠与政策保障，还应该重视产业规模对低碳创新的规模效应，对于大规模企业增加融资渠道和财政补贴的供给，对中小企业提供低利率的抵押贷款，结合企业的差异化生产成本特征确定适合的低碳创新投入补贴，通过推动具有成本优势的企业低碳技术的迅速成长促进整个低碳创新网络的健康发展。第四，制定差异化的环境规制政策。政府应将正面的经济激励与负面的行政处罚相结合，奖惩并施，采用环境规制水平动态调整对策，设计合理的环境规制对策能够为重视节能减排的企业赢得成本优势，能够惩罚低碳环保态度消极的企业，加大低碳创新的政策支持力度，为企业开展低碳创新活动提供更多的友好型环境规制政策，促使更多的企业去主动开展低碳创新活动，将低碳环保理念贯穿于生产经营与发展战略的制定。

7.1.4 强化学研机构的知识支撑作用

强化学研机构在低碳创新网络中的支撑作用。一是学研机构凭借知识、资金和政策等创新资源上的优势，能够有效整合低碳创新网络内部的各类创资源，低碳创新网络体系构建的关键在于建立涵盖各类创新主体的沟通协作机制，借助政产学研协同创新发展模式提高低碳创新效率。首先，鼓励学研机构与企业建立长期稳定的合作关系，设立产学研合作奖励机制，成立指导和协调产学研合作创新的常设机构，不断探索产学研合作办学模式，进一步完善产学研合作创新项目的风险补偿机制。其次，建立并完善区域型低碳技术知识产权交易市场的多层次体系，促进低碳技术创新成果转化，扩展低碳技术的交易种类、创新低碳技术交易模式、完善低碳技术交易机制，实现低碳创新成果的快速转化和低碳技术知识产权的有效流动。最后，建立低碳技术创新联盟，鼓励企业、学研机构、金融机构和中介机构等各类创新主体积极参与低碳技术创新联盟建设，在低碳技术创新联盟内部开展知识共享、创新资源共享以及产业化的分工合作机制，降低了低碳创新的高成本与高风险，最终实现了低碳创新网络的发展。二是加强与国外先进的高等教育机构的合作，培养国际化、多元化的低碳型人才，促进我国低碳型人才储备。根据"一带一路"的经济建设与区域经济发展中的人才需求现状，结合各个地区高校与研究机构的分布情况，引进与该地区经济支撑产业与区域经济发展相关的重点学科和研究领域。加强高校、科研机构与高新技术产业园等重点低碳知识输出主体之间的合作交流，以及和国外先进高等教育机构之间的合作与人才引进力度，构建低碳创新人才激励机制，培养具备低碳技术研发能力与管理能力的复合型创新人才，实现人力创新资源的优化配置，创建区域低碳型人才资源储备库，为促进低碳创新网络的发展提供人才驱动力。

7.1.5　重视金融中介机构的服务作用

低碳创新网络内设计研发服务机构、金融信息服务机构、信息咨询服务中心、低碳技术协会等中介机构是促进低碳创新网络发展的重要基础。金融和中介机构能够利用专业领域知识有效整合各类低碳创新资源，与低碳创新网络内各个创新主体建立紧密联系，在促进低碳创新网络发展中承担服务和保障作用。因此，在我国经济转型的关键时期，要不断完善金融与中介机构在低碳创新网络发展中的服务作用。第一，全面提升金融与中介机构服务低碳创新网络发展能力。首先，培育专业化的、科技型中介机构，鼓励部分科研机构向科技型中介机构转变，发展成为有独立法人资格的、脱离政府部门的科技型中介机构，同时对功能重叠、结构冗余的中介机构进行整合。其次，拓展科技型中介机构的服务范围，为满足自主创新导向型低碳创新网络发展中对于各类中介机构的需求，结合低碳市场需求对科技型中介机构的服务形式与内容进行丰富和创新，在基础型服务之外积极拓展企业发展战略咨询、管理运营咨询、低碳人才培养等业务类型。最后，加强中介机构的专业人才队伍建设，培养同时具备较高科研能力和市场经济分析能力的服务型人才，促进与发达国家中介机构之间的交流与合作，建设具备专业知识的科技型中介机构人才队伍。第二，进一步完善中介机构的激励与约束机制。首先，构建低碳创新网络的低碳知识共享平台，整合企业、学研机构、政府和中介机构的知识与信息资源，促进低碳创新的网络化发展，鼓励各个创新主体在低碳知识共享平台上公开低碳创新信息与合作创新信息，为中介机构提高服务质量提供基础条件。其次，通过财政补贴和税收优惠政策鼓励低碳技术中介机构的成立与发展，重视金融机构与中介机构的合作，积极探索市场化的金融工具对中介机构融资的有效性，通过融资担保和风险投资等方式，引导社会资本向低碳技术中介机构进行投资。最后，制定并完善中介机构的考核指标体系和考核流程，定期对中介机构的技术资源转化能力、信誉、服务质量和社会经济效益进行公开考核，同时在考核基础上建立中介机构的动态退出机制。

7.2　优化网络关系以促进低碳创新网络发展

7.2.1　拓展创新主体间信息传播渠道

第一，加强企业之间的沟通交流。一是良好的沟通交流是企业建立合作关系的基础条件；二是良好的沟通交流能够通过与不断接触到其他优秀企业中的异质性知识资源，有助于自身知识的更新和知识体系的完善，进而提升自身的低碳创新能力。第二，加强企业与学研机构之间的沟通交流，学研机构通常是新技术、新发明的摇篮，增进与学研机构的合作交流，有助于企业在现有低碳技术、工艺以及产品上获取新的突破口，促进企业的发展。第三，加强企业与政府和金融、中介机构之间的联系，既可以确保企业正常运行所需资金的来源，还可以通过与政府间的联系获得最新的低碳政策信息，有利于企业尽快制定出发展战略和研发方向。综上所述，加强低碳创新网络创新主体之间的联系不仅是提升绩效的催化剂，也是低碳创新网络创新主体之间进行驱动合作创新的关键因素。充分利用低碳创新网络创新主体之间的网络关系，加强企业、学研机构、政府、中介机构和金融机构之间的联系与合作，分享所属产业的发展趋势，加强合作交流过程中的创新资源共享，增加自有创新资源的投入，提高创新主体之间的信任度，进一步完善知识获取和整合的能力。积极参与知识交流平台，向合作伙伴学习先进的低碳技术和管理方法，增进与合作伙伴之间的互动和交流，通过强网络关系提升企业的知识吸收能力和组织学习能力。通过低碳创新网络关系的构建，提高创新主体对于网络共享资源的利用效率，进而提升创新效率。网络关系构建过程中，开展的创新活动应尽量与合作伙伴的相关，整合彼此的创新资源，建立与合作伙伴协调一致的动态发展战略。作为低碳创新网络相关制度政策的制定者和推行者，政府应鼓励各个创新主体开展更加深入的合作，依据市场需求和发展，通过优势互补推进低碳合作创新模式，促进低碳创新网络的发展。

173

7.2.2 建立主体网络关系的稳固机制

根据第 5 章研究结果，违约惩罚是引起低碳创新网络演化深度发生波动的重要因素，可见，在低碳创新网络的发展过程中，受到风险分担和机会主义行为的影响，低碳创新网络主体间都可能产生关系冲突，直接损害低碳创新合作关系的稳定性，间接影响低碳创新合作效果，同时，根据第 4 章研究结果，网络关系中的网络关系强度与网络关系质量对促进低碳创新网络发展具有正向作用。因此，在低碳创新网络的发展过程中要重视建立网络关系稳固机制，通过梳理和分析本书建议从建立良好沟通机制和建立有效评价监督机制两方面着手。一是在低碳创新网络创新主体之间建立沟通机制。制定合作契约以明确创新主体在合作过程中的权利和义务，通过契约关系管理保证创新主体间关系的稳定性。低碳创新网络中包括企业、学研机构、政府、金融机构和中介机构等多类型的创新主体，异质性创新主体知识交流的重要方式是管理部门之间的沟通，创新主体信誉和合作契约能够有效促进合作双方的合作意愿、降低防备意识。增强创新主体管理部门之间的联系，通过制定低碳创新合作战略明确合作创新的方向与任务，建立契约关系管理机制和冲突管理机制，在矛盾和冲突出现后尽快解决，避免推责拖沓现象影响创新主体自身声誉。其中，创新主体高层管理人员之间的沟通最为重要，深化高层管理人员间的沟通，改变现有沟通流于表面的局面，提升高层管理人员对与异质性创新主体间沟通问题的重视，进而通过有效的沟通为低碳创新网络创新主体间的关系稳固性提供保障。二是建立低碳创新网络内部评价和监督机制。建立低碳创新网络的目的是降低低碳创新成本、扩大知识获取范围和提升低碳创新效率，通过低碳创新网络内部创新主体间协商构建系统的、科学的、合理的内部评价与监督机制，结合创新主体的合作目标，建立集知识共享交流、合作创新效果于一体的、可量化的评价指标体系，对创新主体的合作效果进行追踪。同时，根据低碳创新网络内部评价体系与合作契约构建创新主体间的监督机制，保障低碳创新网络创新主体间网络关系的稳定性和持久性。

7.2.3　完善创新主体间知识共享机制

根据第 4 章研究结果，知识共生在网络关系与低碳创新网络作用路径之间发挥关键的传导作用。低碳经济的发展带来了低碳环保需求的增加和低碳技术周期的缩短，现阶段低碳创新发展的重点是获取新知识。低碳创新网络的产出是以知识的共享、交织和升华为蓝本，将知识网络嵌入创新主体关系网络对低碳创新网络的影响之中，为创新主体的合作效果提供衡量标准，应从以下几方面重视和促进低碳创新网络中的知识合作与交流。第一，基于信任建立创新主体间的知识共享机制，创建知识共享机制的前提是提升低碳创新网络成员间的信任感与凝聚力，鼓励员工与合作机构员工间的交流，打破员工之间固定的工作交流模式，促使其成为相互信赖的朋友，减轻彼此机会主义行为的顾虑，降低知识共享的风险，为无障碍的知识交流共享提供良好的环境。第二，规范知识共享渠道。低碳创新合作过程中应采用标准化的文档进行知识传输与共享，预先设定规范的知识传递标准，使合作双方的知识共享有迹可循，避免了多样化低碳知识带来的知识共享障碍，提升知识传输和共享效率。第三，提高知识整合能力。创新主体通过知识共享获取的价值是在知识整合吸收之后展现的，创新主体的知识整合能力与知识共享的成功与否密切相关，具有较强知识整合能力的创新主体能够更加全面、充分理解从低碳创新网络中获取的知识，通过高效的知识共享激发创新主体内部的低碳知识存量，因此，知识整合能力是低碳创新网络发展的内生动力。第四，利用"互联网＋"建立知识共享平台。"互联网＋"为产业化和信息化的深度融合提供了全新发展模式，运用互联网思维整合以低碳创新知识为主的各种创新资源，提高我国产业信息化水平，实现产业和消费的互联网驱动，知识交流平台能够有效减少创新要素空间上的流动成本，提升知识聚集、共享、转移的速度与效率，充分发挥低碳创新资源的集聚优势来促进低碳创新网络的发展。

7.3　优化外部环境以促进低碳创新网络发展

据第 6 章分析可知，剔除环境因素和随机干扰后，大部分产业的低碳创新网络创新效率有所提高，反映出环境因素和随机干扰在我国制造业各行业的低碳创新网络创新效率具有显著影响作用。本书从完善低碳基础设施、扩大低碳产品需求和优化能源产业结构三个方面提出促进低碳创新网络发展的外部环境层面对策。

7.3.1　完善低碳基础设施的建设

作为社会发展和日常生活的基础，低碳基础设施的建设规模与质量为低碳创新网络发展提供物质基础和发展环境，因此，进一步完善低碳基础设施、加强整体投资力度是十分必要的。首先，应加强低碳基础设施建设的整体投资力度，建设电力、水利、新能源和通信等基础设施，优化公路、铁路、城市公共交通、邮政等整合交通网络基础设施，设立公共充电站以鼓励电动交通出行，发展节能环保型汽车和公共交通汽车逐步替代高污染、高能耗的机动汽车，以实现节能减排，同时，增加草坪、耕地碳汇并加强城市绿化建设，大力促进有机农业和生态农业发展。政府应针对基础设施建设制定相应的补贴政策，鼓励企业的广泛参与，并引导公众低碳消费观念，鼓励电子产品、橡胶制品和废旧车辆等废旧物品的回收、利用，降低公众生活垃圾的排放量、工业生产成本以及能源消耗。其次，推动基础设施的低碳化发展，根据地区资源环境的承载现状对基础设施进行低碳化合理布局和重新设计，充分利用生态资源建立基础设施的布局，根据低碳经济发展进程制定基础设施的建设规模与标准，加快推进新型清洁能源的技术设施建设，最大限度利用低碳环保型建筑材料，尽快实现低碳化基础设施建设。再次，结合优势环境资源促进产业发展，积极发展新能源产业、可再生能源产业等低碳环保产业，发挥高新技术产业和现代服务业对地区经济的带动作用，利用低碳技术改造产业发展方式，逐步降低现有能源消耗水平，稳步推进低碳创新网络的可持续发展。最后，建立低碳创新网络的政策保障环境，发展低碳创新网络的关键条件包括相对稳定的宏观政策环境与金融市场环境等。通过制定碳税、碳预算和碳排放交易等低碳创新政策，构建低碳创新网络发展的政策体系，通过制定碳排放许可证政策提升低碳行业进入门槛，同时，制定低碳型建筑标准与交通标准等基础设施建设标准，针对企业制定财政补贴与惩罚机制，倡导低碳生活方式、低碳消费文化。

7.3.2　营造公平的市场竞争环境

营造公平的市场竞争环境。根据第 6 章实证结果，市场竞争是影响低碳创新网络投入产出的重要因素，对于低碳创新网络创新效率的提升具有促进作用。我国现阶段的低碳市场经济处于初级发展阶段，需要政府制定相应的政策法规，积极推动经济体制改革，为企业建立公平、规范的竞争环境。首先，政府倡导民营企业和外资企业加入到低碳创新网络中开展低碳创新活动，最大化消除行政壁垒，鼓励大型国有企业扩大与其他创新主体的合作范围，同时，通过行政干预方式规避低碳技术含量低或低价恶性竞争现象的发生，积极建立规范、公平的市场竞争环境。其次，政府需制定低碳知识资源共享法规，保护知识共享过程中各个利益相关创新主体的利益，同时需进一步完善知识产权保护法律体系，使之具有系统性、专业性与可操作性。最后，根据"一带一路"倡议，加强与"一带一路"沿线国家的国际合作，了解各行各业的低碳技术前沿，推进环保标准与相关法律政策制定的经验交流，将我国环保标准与国际标准接轨。

提高政府的低碳产品采购力度。基于对社会公共利益的维护，政府通过对采购行为的宏观调控，不仅提高了低碳产品的市场需求量，也促进了企业经营对策与公众消费倾向的转变。政府的低碳采购行为能够倒逼企业开展低碳技术的研发活动、转换生产经营模式，同时具有一定的社会示范作用，促进社会低碳消费模式的形成。第一，更新政府采购商品清单，将政府采购商品的能耗成本货币化，商品成本需包含商品的温室气体排放成本、运营和处置成本，将环保标志产品列为必要条件，引导能源消费的可持续发展，为公众广泛参与低碳创新活动提供参考，进而推动低碳创新的发展。第二，完善政府低碳商品采购体系，借鉴国外发达国家的经验，通过强制采购、制定政府低碳采购指南或建立政府采购公共信息平台等方式，逐步完善我国的政府低碳商品采购体系。第三，针对政府采购人员开展培训或宣讲活动，提升政府采购人员对低碳商品、低碳采购法规和流程上的认识，并发布低碳采购文件指导采购人员对低碳产品进行选择。

7.3.3　建立多元化能源供给体系

据第6章分析可知，我国制造业各行业低碳创新网络的创新生产模式位于"低投入低产出"象限的数量最多，在"低投入低产出"象限中，木材加工及木竹藤棕草制品业、石油加工炼焦及核燃料加工业、黑色金属冶炼及压延加工业等产业与能源供给具有较大相关性，因此，能源供给体系的建设对低碳创新网络的发展具有重要意义。首先，提高煤炭利用效率。我国丰富的煤炭资源禀赋决定了以煤炭为主的能源产业结构，煤炭资源在短时间内无法全部被替换，提高煤炭利用效率是实现低碳化发展的关键路径，针对高能耗、高污染企业的煤炭开采、加工、燃烧以及污染控制技术，运用煤炭资源的循环再利用、运输系统优化、工业重组等方法进行技术改造，改变煤炭企业的粗放式开发、利用效率低和污染严重现状，促进低碳技术产业化的示范与推广。其次，发展清洁煤技术。清洁煤技术的开发宗旨是减少煤炭从开发到利用全过程的污染排放量。推广煤炭气化、煤炭液化、燃料电池、循环流化床发电技术和整体煤气化联合循环发电技术等洁净煤技术，促进煤炭能源的循环利用。通过降低煤炭产业退出壁垒、实施清洁煤技术财政补贴等政策手段促进清洁煤技术的发展。最后，建立多元化能源供给体系。促进太阳能、风能、生物质能、水力以及潮汐能等可再生能源的发展，建立以煤炭能源为主、可再生能源为辅的多元化能源供给体系。其中，生物质能资源来源广且成本低，畜禽粪便、农作物秸秆等是主要的生物质能资源源头，是未来可再生能源发展的重中之重，积极开发生物质能发电、沼气燃料等。

7.4　本章小结

　　本章从优化网络结构和创新主体、网络关系以及外部环境提出了促进低碳创新网络发展的对策建议。网络结构和创新主体层面的对策主要包括加强低碳创新主体间的交流互动、提升企业低碳创新能力、优化低碳创新网络的政策环境、强化学研机构的知识支撑作用、重视金融中介机构的服务作用五个方面；网络关系层面的对策主要包括拓展创新主体之间信息传播渠道、建立主体网络关系的稳固机制、完善创新主体间知识共享机制三个方面；外部环境层面的对策主要包括完善低碳基础设施建设、营造公平的市场竞争环境和建立多元化能源供给体系三个方面。

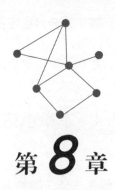

第 **8** 章

研究结论

　　本书以应对环境污染、生态破坏、资源枯竭的严峻挑战为研究背景，以实现经济、环境、社会的可持续协调发展为目的，以低碳创新网络为研究对象，以社会网络为基础，按照"网络形成→作用机理→演化机理→创新效率→发展对策"的研究脉络，综合运用文献研究法、社会网络分析法、多元回归分析方法、演化博弈方法、J-SBM 三阶段 DEA 综合评价等研究方法，深入植根于低碳创新网络的特点，基于社会网络理论详尽分析了低碳创新网络形成、作用机理、演化机理、创新效率评价，为创新主体开展低碳创新活动、提升低碳创新网络创新效率提供可循之路，最终有针对性地提出了基于社会网络理论的低碳创新网络发展对策。本书研究得出的主要结论有以下五点。

　　第一，低碳创新网络形成的内部动因是以知识聚集与转移、创新组织学习、合作利益分配和关系协调治理为主的创新主体合作协同效应，外部动因来自低碳产品市场需求、网络创新竞争压力、政府政策推动作用和复杂多变的创新环境，并从纵向组织、横向组织和产学研组织三个层面分析了低碳创新网络的形成机制，初步探究了低碳创新网络的形成。利用社会网络分析方法对基于新能源汽车行业的低碳创新网络的网络结构、网络关系、主体特征以及网络特征进行了深入分析，结果表明：所构建的低碳创新网络结构比较松散，创新主体之间的合作较少；建立在网络平均距离之上的凝聚力指数表明低碳创新网络整体上具有较强的凝聚力；低碳创新网络内部的创新主体之间的研发能力差异不大，没有显著的"控制"关系；基于新能源汽车行业的低碳创新网络具有显著的无标度效应，节点度均服从幂律分布。

第二，基于社会网络理论的低碳创新网络作用机理的全局视角出发，将网络结构、网络关系、主体特征以及知识共生置于一个研究框架下，构建了基于社会网络理论的低碳创新网络作用机理概念模型，深入探究了各个因素对低碳创新网络的作用机理。实证结果表明：网络结构和网络关系对低碳创新网络具有显著正向作用；主体特征中的组织异质性、能力异质性与低碳创新网络呈倒"U"型相关关系，目标异质性与低碳创新网络负向相关；知识共生对低碳创新网络具有显著促进作用，知识共生在网络关系与低碳创新网络之间发挥部分中介作用，同时，知识互补、知识兼容能够显著调节组织异质性、能力异质性与低碳创新网络的倒"U"型相关关系。

第三，低碳创新网络演化过程实际上是有限理性的异质性创新主体在无标度社会网络上的博弈过程，结合演化博弈理论和现实网络拓扑结构特征，构建了低碳创新网络演化算法，数值仿真研究结果表明：首先，网络关系、主体特征以及知识共生因素将不同程度地影响低碳创新网络演化的深度与速度，网络结构在上述影响作用之间具有一定的调节功能；其次，网络关系与主体特征之间的关系变化对低碳创新网络演化具有显著影响，合理的违约惩罚能够促使创新主体更好地履行合约；再次，主体特征中的协同收益促进低碳创新网络向着帕累托最优方向演化，且网络规模越大演化速度越慢，而利益分配系数对低碳创新网络演化的影响受网络规模制约，在较小规模的无标度社会网络中演化速度更快；最后，知识共生是引起低碳创新网络演化深度发生波动的重要因素，小规模无标度社会网络中，知识溢出收益的增长加快了低碳创新网络演化速度，不改变演化的深度，大规模的无标度社会网络中，知识溢出的增加导致低碳创新网络最终趋于不合作的稳定状态。

第四，通过构建的低碳创新网络创新效率评价指标体系和评价模型，对 2010～2015 年的低碳创新网络创新效率进行了实证评价，结果表明，首先，环境因素和随机干扰对投入松弛变量的影响存在异质性，且在未考虑环境因素和随机干扰时绝大多数制造业行业的低碳创新网络创新效率被低估；其次，低碳创新网络创新效率呈波动上升态势，仅交通运输设备制造业等4个行业的低碳创新网络创新效率均值位于前沿面上，大部分地区仍存在一定的提升空间；最后，低碳创新网络的创新生产模式位于"低投入低产出"象限的比例最大，反映出我国制造业大部分行业低碳创新网络发展处于要素投入的初级阶段，需要加大创新投入以获取更高的效率。

第五，密切契合各章节研究结论，提出基于社会网络理论的低碳创新网络发展对策。建议从网络结构和创新主体层面加强低碳创新主体间的交流互动、提升企业低碳创新能力、优化低碳创新网络的政策环境、强化学研机构的知识支撑作用、重视金融中介机构的服务作用；建议从网络关系层面拓展创新主体之间信息传播渠道、建立主体网络关系的稳固机制、完善创新主体间知识共享机制；建议从外部环境层面完善低碳基础设施建设、营造公平的市场竞争环境和建立多元化能源供给体系。

尽管本书所提出的基于社会网络的低碳创新网络作用机理的观点得到理论和实证数据的支撑，但由于个人的时间和研究能力有限，仍存在以下不足之处：首先，在基于社会网络理论的低碳创新网络作用机理研究阶段，关于其他因素的作用未进行考虑，同时，鉴于低碳创新网络其他创新主体进行问卷调研的难度较大，本书的调研对象局限于制造企业，在后续研究中应进一步完善。其次，在低碳创新网络演化研究阶段，为了简化分析和后续计算，所提出的博弈模型没能包含所有可能的影响因素，在一定程度上影响模型对实际问题的解释程度，今后需要作更深入的研究。

附　录

关于基于社会网络理论的低碳创新网络
机理研究的调查问卷

尊敬的先生/女士：

您好！对您于百忙之中抽空填写此份调查问卷表示诚挚的谢意。

本问卷的调查目的是探究基于社会网络理论的低碳创新网络机理，旨在为低碳创新网络的发展提供有益的理论借鉴。本问卷的调查对象是您所在制造企业的中高层管理人员，恳请您结合您的专业知识和多年的实战经验如实填写以下题项，这对我们的研究至关重要。本次问卷调查采取匿名形式，调查结果仅限用于纯学术研究，与任何商业用途无关，承诺不会泄露您和贵团队的相关信息，恳请您客观如实填写。

请您将作答完整的问卷反馈至邮箱 zynhsd@ 126. com。再次感谢您的大力支持！

一、您的基本信息

1. 您的职位：

A. 高层管理人员　　　　B. 中层管理人员

2. 您的性别：

A. 男　　　　　　　　　B. 女

3. 您的年龄：

A. 30 周岁以下　　　　B. 31～45 周岁　　C. 45 周岁以上

4. 您拥有的学位：

A. 学士学位及以下   B. 硕士学位   C. 博士学位

5. 您的工作年限：

A. 5 年以下   B. 5 ~ 10 年

C. 11 ~ 20 年   D. 20 年以上

二、贵公司的基本信息

1. 员工数量：

A. 100 人以下   B. 100 ~ 500 人

C. 501 ~ 1000 人   D. 1000 人以上

2. 企业年限：

A. 5 年以下   B. 5 ~ 10 年

C. 11 ~ 20 年   D. 20 年以上

3. 所有制类型：

A. 国有/国有控股

B. 私营/民营控股

C. 其他

4. 所处行业：

A. 通用设备制造行业

B. 专用设备制造行业

C. 矿产及矿产加工制造行业

D. 造纸及纸制品制造行业

E. 金属制品行业

F. 运输设备制造行业

G. 机械设备制造行业

H. 化学原料及化学制品制造行业

I. 其他制造业

三、问卷题项

请根据贵公司实际情况对以下题项的同意程度做出判断，问题设计采用李克特量表 7 分制，评分 1 到 7 表示认可程度逐步增加，完全不赞同→完全赞同，请在您认为最符合实际情况的分值上打"√"。

（1）网络结构的相关题项。

序号	网络规模	评分						
		1	2	3	4	5	6	7
1	合作伙伴中有很多同行业创新主体							
2	合作伙伴中有很多供应商和客户							
3	合作伙伴中有很多高校与研究机构							
4	合作伙伴中有很多中介机构							

序号	网络密度	评分						
		1	2	3	4	5	6	7
1	企业与合作伙伴间联系非常频繁							
2	企业与合作伙伴间联系非常广泛							
3	新知识或技术在低碳创新网络内传播速度非常快							
4	新知识或技术在低碳创新网络内能够大范围传播							

序号	网络中心性	评分						
		1	2	3	4	5	6	7
1	企业在低碳创新网络中占据重要地位							
2	企业在低碳创新网络中拥有较多的合作伙伴							
3	企业为合作伙伴提供了新的合作机会							
4	企业为合作伙伴传递知识和信息							

（2）网络关系的相关题项。

序号	网络关系强度	评分						
		1	2	3	4	5	6	7
1	企业与合作伙伴建立多年的合作关系							
2	企业与合作伙伴间的交流非常频繁							
3	合作中投入了大量的人财物等有形资源							
4	合作中投入了大量的人财物等社会资源							
5	企业与合作伙伴的交流涉及生产、技术、营销等方面							
6	企业与合作伙伴之间开展了多个项目的合作							

续表

序号	网络关系质量	评分						
		1	2	3	4	5	6	7
1	企业与合作伙伴间的沟通是有效果且高效的							
2	企业与合作伙伴共同解决过合作中的难题							
3	企业与合作伙伴间的合作关系持久							
4	企业与合作伙伴间的合作关系稳固							

（3）主体特征的相关题项。

序号	组织异质性	评分						
		1	2	3	4	5	6	7
1	企业与合作伙伴的业务类型存在较大差异							
2	合作伙伴的主营业务产业链较为多元化							
3	合作伙伴中包含非企业组织							
4	合作伙伴的地理区域分布较广							

序号	目标异质性	评分						
		1	2	3	4	5	6	7
1	企业与合作伙伴的创新目标难以相容							
2	企业与合作伙伴难以互相支持对方的目标							
3	企业与合作伙伴在技术难题上存在较大分歧							
4	企业与合作伙伴在工作价值观上存在较大差异							

序号	能力异质性	评分						
		1	2	3	4	5	6	7
1	企业与合作伙伴间涉及的技术领域存在较大差异							
2	企业与合作伙伴间的专利申请门类存在较大差异							
3	企业与合作伙伴的知识型员工的教育背景、知识储备以及管理能力存在较大差异							
4	企业对合作伙伴的知识能够有效整合							

>> **关于基于社会网络理论的低碳创新网络机理研究的调查问卷**

（4）知识共生的相关题项。

序号	知识互补	评分						
		1	2	3	4	5	6	7
1	合作伙伴常给技术研发带来新的启发							
2	合作伙伴的知识能够满足自身知识需求							
3	企业与合作伙伴的知识交换能够提高知识收益							

序号	知识兼容	评分						
		1	2	3	4	5	6	7
1	企业与合作伙伴有不同类型的知识间融合							
2	企业与合作伙伴的知识拥有较高的理解度							
3	企业与合作伙伴的知识体系具有明显的知识重叠							

（5）低碳创新网络的相关题项。

序号	低碳创新网络	评分						
		1	2	3	4	5	6	7
1	企业投入大量的 R&D 人员							
2	企业投入大量的 R&D 经费							
3	企业生产过程投入大量的能源							
4	企业与学研机构合作中发表很多的科技论文							
5	企业合作申请了很多的发明专利							
6	企业合作开发新产品销售额占总销售额的比重很大							

问卷调查结束，再次感谢您的协助与配合！

参 考 文 献

[1] 毕可佳, 胡海青, 张道宏. 孵化器编配能力对孵化网络创新绩效影响研究——网络协同效应的中介作用 [J]. 管理评论, 2017, 29 (4): 36 - 46.

[2] 毕克新, 黄平, 刘震, 宁晓东. 基于专利的我国制造业低碳技术创新产出分布规律及合作模式研究 [J]. 情报学报, 2015, 34 (7): 701 - 710.

[3] 蔡猷花, 田宇, 成全. 创新网络嵌入视角下企业研发竞争的博弈研究 [J]. 中国管理科学, 2021, 29 (1): 178 - 184.

[4] 曹海旺, 窦迅, 薛朝改, 王傲东. 政府激励下秸秆发电供应链的演化博弈模型与分析 [J]. 运筹与管理, 2017, 26 (1): 89 - 95.

[5] 曹洁琼, 其格其, 高霞. 合作网络 "小世界性" 对企业创新绩效的影响——基于中国 ICT 产业产学研合作网络的实证分析 [J]. 中国管理科学, 2015, 23 (S1): 657 - 661.

[6] 曹霞, 李传云, 林超然. 基于新能源汽车的专利合作网络演化研究 [J]. 科研管理, 2019, 40 (8): 179 - 188.

[7] 曹霞, 刘国巍. 产学研合作创新网络规模、连接机制与创新绩效的关系研究——基于多主体仿真和动态系统论视角 [J]. 运筹与管理, 2015, 24 (2): 246 - 254.

[8] 曹霞, 张路蓬. 基于利益分配的创新网络合作密度演化研究 [J]. 系统工程学报, 2016, 31 (1): 1 - 12.

[9] 曹兴, 马慧. 新兴技术创新网络下多核心企业创新行为机制的仿真研究 [J]. 中国软科学, 2019 (6): 138 - 149.

[10] 陈关聚, 张慧. 创新网络中组织异质性、互动强度与合作创新绩效的关系 [J]. 中国科技论坛, 2020 (2): 28 - 35.

［11］陈凯华，汪寿阳．考虑环境影响的三阶段组合效率测度模型的改进及在研发效率测度中的应用［J］．系统工程理论与实践，2014，34（7）：1811－1821．

［12］陈凯华，汪寿阳，寇明婷．三阶段组合效率测度模型与技术研发效率测度［J］．管理科学学报，2015，18（3）：31－44．

［13］陈文婕，曾德明．低碳技术创新网络运作模式仿真分析［J］．中国科技论坛，2015（3）：18－23．

［14］陈文婕，曾德明．低碳技术合作创新网络中的多维邻近性演化［J］．科研管理，2019，40（3）：30－40．

［15］陈旭，刘春红，高长春，江瑶．知识多样性、知识网络密度与企业创新绩效［J］．华东经济管理，2020，34（4）：38－45．

［16］陈真玲，王文举．环境税制下政府与污染企业演化博弈分析［J］．管理评论，2017，29（5）：226－236．

［17］陈子凤，官建成．合作网络的小世界性对创新绩效的影响［J］．中国管理科学，2009，17（3）：115－120．

［18］池仁勇．区域中小企业创新网络的结点联结及其效率评价研究［J］．管理世界，2007（1）：105－112，121．

［19］戴海闻，曾德明，张运生．标准联盟组合嵌入性社会资本对企业创新绩效的影响研究［J］．研究与发展管理，2017，29（2）：93－101．

［20］戴勇，朱桂龙，刘荣芳．集群网络结构与技术创新绩效关系研究：吸收能力是中介变量吗？［J］．科技进步与对策，2018，35（9）：16－22．

［21］单英华，李忠富．基于演化博弈的住宅建筑企业技术合作创新机理［J］．系统管理学报，2015，24（5）：673－681．

［22］刁丽琳．合作创新中知识窃取和保护的演化博弈研究［J］．科学学研究，2012，30（5）：721－728．

［23］丁绒，孙延明，叶广宇．增强惩罚的企业联盟合作规范机制：自组织演化视角［J］．管理科学，2014，27（1）：11－20．

［24］杜欣．网络视角下联盟组合创新合作行为的演化与创新绩效研究［D］．成都：电子科技大学，2017．

［25］樊步青，王莉静．我国制造业低碳创新系统及其危机诱因与形

成机理分析 [J]. 中国软科学, 2016, 31 (12): 51 – 60.

[26] 范如国, 张应青, 罗会军. 考虑公平偏好的产业集群复杂网络低碳演化博弈模型及其仿真分析 [J]. 中国管理科学, 2015, 23 (S1): 763 – 770.

[27] 盖文启, 王缉慈. 论区域的技术创新型模式及其创新网络——以北京中关村地区为例 [J]. 北京大学学报 (哲学社会科学版), 1999 (5): 29 – 36.

[28] 高孟立. 合作创新中机会主义行为的相互性及治理机制研究 [J]. 科学学研究, 2017, 35 (9): 1422 – 1433.

[29] 高霞, 陈凯华. 合作创新网络结构演化特征的复杂网络分析 [J]. 科研管理, 2015, 36 (6): 28 – 36.

[30] 葛静. 企业低碳技术创新网络构建及运行机制研究 [D]. 北京: 华北电力大学, 2014.

[31] 官大鹏, 赵涛, 慈兆程, 姚浩. 基于超效率 SBM 的中国省际工业化石能源效率评价及影响因素分析 [J]. 环境科学学报, 2015, 35 (2): 585 – 595.

[32] 龚晨, 毕克新. 低碳情境下制造企业社会责任对创新绩效的影响研究 [J]. 预测, 2018, 37 (1): 43 – 48.

[33] 巩永华, 薛殿中. 不同合作方式下 ICT 低碳技术产业链协同创新博弈分析 [J]. 系统工程, 2016, 34 (11): 39 – 46.

[34] 郭建杰, 谢富纪. 基于 ERGM 的协同创新网络形成影响因素实证研究 [J]. 管理学报, 2021, 18 (1): 91 – 98.

[35] 郭建杰, 谢富纪. 企业合作网络位置对创新绩效的影响——以 ICT 产业为例 [J]. 系统管理学报, 2020, 29 (6): 1124 – 1135.

[36] 洪燕真, 刘燕娜, 余建辉. 基于链环回路模型的低碳技术创新发展策略 [J]. 中国人口·资源与环境, 2011, 21 (3): 59 – 63.

[37] 黄清煌, 高明. 环境规制的节能减排效应研究——基于面板分位数的经验分析 [J]. 科学学与科学技术管理, 2017, 38 (1): 30 – 43.

[38] 黄玮强, 姚爽, 庄新田. 基于复杂社会网络的创新扩散多智能体仿真研究 [J]. 科学学研究, 2013, 31 (2): 310 – 320.

［39］焦媛媛. 主体异质性对产学研合作关系质量的影响机制研究［D］. 长春：吉林大学，2017.

［40］解学梅，王宏伟. 网络嵌入对企业创新绩效的影响机理：一个基于非研发创新的有调节中介模型［J］. 管理工程学报，2020，34（6）：13－28.

［41］解学梅，左蕾蕾. 企业协同创新网络特征与创新绩效：基于知识吸收能力的中介效应研究［J］. 南开管理评论，2013，16（3）：47－56.

［42］李国强，孙遇春，胡文安. 嵌入式合作网络要素如何影响企业双元创新？——基于fsQCA方法的比较研究［J］. 科学学与科学技术管理，2019，40（12）：70－83.

［43］李海林，徐建宾，林春培，张振刚. 合作网络结构特征对创新绩效影响研究［J］. 科学学研究，2020，38（8）：1498－1508.

［44］李健，余悦. 合作网络结构洞、知识网络凝聚性与探索式创新绩效：基于我国汽车产业的实证研究［J］. 南开管理评论，2018，21（6）：121－130.

［45］李明星，苏佳璐，胡成. 产学研合作中企业网络位置与关系强度对技术创新绩效的影响［J］. 科技进步与对策，2020，37（14）：118－124.

［46］李牧南，黄芬，王雯姝. "研发—转化"解耦视角的创新效率评价模型研究［J］. 科学学与科学技术管理，2017，38（9）：50－67.

［47］李先江. 服务业绿色创业导向、低碳创新和组织绩效间关系研究［J］. 科学学与科学技术管理，2012，33（8）：36－43.

［48］李雨浓，王博，张永忠，姚星. 校企专利合作网络的结构特征及其演化分析——以"985高校"为例［J］. 科研管理，2018，39（3）：132－140.

［49］梁娟，陈国宏. 多重网络嵌入、知识整合与知识创造绩效［J］. 科学学研究，2019，37（2）：301－310.

［50］刘冰. 制造业低碳创新网络的形成机理研究［D］. 昆明：昆明理工大学，2019.

［51］刘丹，闫长乐. 协同创新网络结构与机理研究［J］. 管理世界，2013（12）：1－4.

[52] 刘学元，丁雯婧，赵先德. 企业创新网络中关系强度、吸收能力与创新绩效的关系研究 [J]. 南开管理评论，2016，19（1）：30-42.

[53] 刘宇，邵云飞，康健. 知识共享视角下联盟组合构型对企业创新绩效的影响 [J]. 科技进步与对策，2019，36（21）：134-140.

[54] 龙亮军，王霞. 上海市生态福利绩效评价研究 [J]. 中国人口·资源与环境，2017，27（2）：84-92.

[55] 鲁若愚，周阳，丁奕文，周冬梅，冯旭. 企业创新网络：溯源、演化与研究展望 [J]. 管理世界，2021，37（1）：217-233，14.

[56] 陆小成. 技术预见对区域低碳创新系统的作用及其路径选择 [J]. 科学学与科学技术管理，2009，30（2）：61-65.

[57] 陆小成，刘立. 区域低碳创新系统的结构—功能模型研究 [J]. 科学学研究，2009，27（7）：1080-1085.

[58] 吕希琛. 制造企业低碳创新绩效的关键影响因素及作用机制研究 [D]. 哈尔滨：哈尔滨工程大学，2015.

[59] 罗剑锋. 基于演化博弈理论的企业间合作违约惩罚机制 [J]. 系统工程，2012，30（1）：27-31.

[60] 马海涛，方创琳，吴康. 链接与动力：核心节点助推国家创新网络演进 [J]. 中国软科学，2012（2）：88-95.

[61] 马蓝，安立仁. 合作动机对企业合作创新绩效的影响机制研究：感知政府支持情境的调节中介作用 [J]. 预测，2016，35（3）：13-18.

[62] 马翔，张国兴. 基于非对称演化博弈的京冀雾霾协同治理联盟稳定性分析 [J]. 运筹与管理，2017，26（5）：45-52.

[63] 马艳艳，卢朝阳. 产学研合作创新网络的创新产出效应研究——以东北三省为例 [J]. 大连理工大学学报（社会科学版），2020，41（2）：9-15.

[64] 彭伟，符正平. 联盟网络、资源整合与高科技新创企业绩效关系研究 [J]. 管理科学，2015，28（3）：26-37.

[65] 其格其，高霞，曹洁琼. 我国ICT产业产学研合作创新网络结构对企业创新绩效的影响 [J]. 科研管理，2016，37（S1）：110-115.

[66] 任胜钢，胡春燕，王龙伟. 我国区域创新网络结构特征对区域

创新能力影响的实证研究 [J]. 系统工程, 2011, 29 (2): 50 –55.

[67] 阮平南, 王文丽, 刘晓燕. 基于多维邻近性的技术创新网络演化动力研究——以 OLED 产业为例 [J]. 研究与发展管理, 2018, 30 (6): 59 –66.

[68] 阮平南, 魏云凤, 张国红. 企业创新网络创新协同影响因素研究 [J]. 科技管理研究, 2016, 36 (21): 1 –5.

[69] 石岩, 邹波, 郭津毓, 郭峰. 组织危机调节组织目标与创新绩效关系的机理 [J]. 工业工程与管理, 2017, 22 (2): 147 –152, 159.

[70] 宋彪, 徐沙沙, 丁庆洋. "一带一路"战略下企业合作及政府监管的机会主义行为演化博弈分析 [J]. 管理评论, 2018, 30 (1): 118 –126.

[71] 宋德勇, 李项佑, 李超, 岳鸿飞. 中国低碳城市建设的创新驱动效应评估——兼论多重嵌套试点示范机制的完善 [J]. 科技进步与对策, 2020, 37 (22): 28 –37.

[72] 宋耘, 王婕. 网络特征和知识属性对企业创新绩效的影响 [J]. 管理科学, 2020, 33 (3): 63 –77.

[73] 孙天阳, 成丽红. 中国协同创新网络的结构特征及格局演化研究 [J]. 科学学研究, 2019, 37 (8): 1498 –1505.

[74] 谈毅, 徐研. 创业投资机构介入、声誉信号与创新网络的动态演化 [J]. 研究与发展管理, 2017, 29 (1): 32 –41.

[75] 唐丽艳, 刘旭华, 王国红. 企业资源依赖性与合作创新行为的关系研究 [J]. 运筹与管理, 2017, 26 (2): 165 –172.

[76] 王崇锋, 崔运周, 尚哲. 多层创新网络结构洞特征对组织创新绩效的影响——来自新能源汽车领域的实证分析 [J]. 科技进步与对策, 2020, 37 (24): 71 –79.

[77] 王大洲. 企业创新网络的进化与治理：一个文献综述 [J]. 科研管理, 2001 (5): 96 –103.

[78] 王冬玲. 合作伙伴多元化、外部知识环境特征与企业创新绩效的关系研究 [J]. 预测, 2020, 39 (3): 18 –26.

[79] 王海军, 陈劲, 成佳. 基于模块化视角的 ICT 企业专利合作网络研究：华为案例 [J]. 科学学与科学技术管理, 2018, 39 (7): 74 –87.

[80] 王婕, 宋耘. 关系管理能力对企业创新绩效的影响研究——基

于网络结构特征的视角 [J]. 电子科技大学学报 (社科版), 2020, 22 (6): 76 - 85.

[81] 王金凤, 王孟琪, 冯立杰. 外部知识异质性、知识多元化与突破式创新绩效——基于企业生命周期的视角 [J/OL]. 软科学: 1 - 13 [2021 - 01 - 12].

[82] 王晓娟. 知识网络与集群企业创新绩效——浙江黄岩模具产业集群的实证研究 [J]. 科学学研究, 2008 (4): 874 - 879, 867.

[83] 王燕妮, 张永安, 樊艳萍. 核型结构汽车企业垂直创新网络演化研究——基于企业间关系强度 [J]. 科学学与科学技术管理, 2012, 33 (8): 28 - 35.

[84] 魏龙, 党兴华. 基于组织——惯例的相依技术创新网络级联失效模型研究 [J]. 管理评论, 2017, 29 (11): 74 - 88.

[85] 魏旭光, 罗宜康, 杨青松等. 基于多维邻近性的新兴技术创新超网络演化研究——以新能源汽车产业为例 [J]. 工业技术经济, 2021, 40 (5): 56 - 64.

[86] 吴松强, 苏思骐, 沈忠芹, 宗峻麒. 产业集群网络关系特征对产品创新绩效的影响——环境不确定性的调节效应 [J]. 外国经济与管理, 2017, 39 (5): 46 - 57, 72.

[87] 武兰芬, 姜军. 基于双源数据的云计算创新合作网络多维分析 [J]. 科研管理, 2020, 41 (2): 142 - 151.

[88] 鲜于波, 梅琳. 适应性预期、复杂网络与标准扩散动力学——基于计算经济学的研究 [J]. 管理科学, 2007, 20 (4): 62 - 72.

[89] 向丽, 胡珑瑛. 研发外包情境下关系质量对企业创新绩效的影响机制研究 [J]. 科技进步与对策, 2020, 37 (8): 95 - 104.

[90] 肖丁丁, 田文华. 复合型碳减排机制下企业低碳技术创新战略的博弈分析 [J]. 中国科技论坛, 2017 (9): 105 - 113.

[91] 谢洪明, 张颖, 程聪, 陈盈. 网络嵌入对技术创新绩效的影响: 学习能力的视角 [J]. 科研管理, 2014, 35 (12): 1 - 8.

[92] 谢宗杰. 知识异质性特征、研发投资策略与创新联盟稳定性 [J]. 外国经济与管理, 2015, 37 (8): 65 - 77.

[93] 徐建中, 贾大风, 李奉书, 王玥. 装备制造企业低碳技术创新对企业绩效的影响研究 [J]. 管理评论, 2018, 30 (3): 82 – 94.

[94] 徐建中, 吕希琛. 关系质量对制造企业团队创新绩效影响研究——业务转型外包情境视角 [J]. 科学学与科学技术管理, 2014, 35 (9): 141 – 151.

[95] 徐莹莹, 綦良群. 基于复杂网络演化博弈的企业集群低碳技术创新扩散研究 [J]. 中国人口·资源与环境, 2016, 26 (8): 16 – 24.

[96] 杨博旭, 王玉荣, 李兴光. "厚此薄彼" 还是 "雨露均沾"——组织如何有效利用网络嵌入资源提高创新绩效 [J]. 南开管理评论, 2019, 22 (3): 201 – 213.

[97] 杨朝均, 刘立菊. 中国低碳创新的地区差异及空间收敛性研究 [J]. 技术经济, 2020, 39 (1): 112 – 120.

[98] 杨春白雪, 曹兴, 高远. 新兴技术合作创新网络演化及特征分析 [J]. 科研管理, 2020, 41 (7): 20 – 32.

[99] 杨磊, 侯贵生. 联盟知识异质性、知识协同与企业创新绩效关系的实证研究——基于知识嵌入性视角 [J]. 预测, 2020, 39 (4): 38 – 44.

[100] 杨勇, 王露涵. 我国发明专利合作网络特征与演化研究 [J]. 科学学研究, 2020, 38 (7): 1227 – 1235, 1316.

[101] 叶丹, 黄庆华. 区域创新环境对高技术产业创新效率的影响研究——基于 DEA-Malmquist 方法 [J]. 宏观经济研究, 2017, 37 (8): 132 – 140.

[102] 叶江峰, 任浩, 郝斌. 企业间知识异质性、联盟管理能力与创新绩效关系研究 [J]. 预测, 2015, 34 (6): 14 – 20.

[103] 叶江峰, 任浩, 郝斌. 企业内外部知识异质度对创新绩效的影响——战略柔性的调节作用 [J]. 科学学研究, 2015, 33 (4): 574 – 584.

[104] 尹建华, 周鑫悦. 中国对外直接投资逆向技术溢出效应经验研究——基于技术差距门槛视角 [J]. 科研管理, 2014, 35 (3): 131 – 139.

[105] 于贵芳, 温珂, 方新. 信任水平、合作关系与创新行为: 社会交换理论视角下公立科研机构创新行为的影响因素研究 [J]. 科学学与科学技术管理, 2020, 41 (2): 78 – 93.

[106] 岳鹄, 张宗益, 朱怀念. 创新主体差异性、双元组织学习与开

放式创新绩效 [J]. 管理学报, 2018, 15 (1): 48 – 56.

[107] 臧欣昱, 马永红. 协同创新视角下产学研合作行为决策机制研究 [J]. 运筹与管理, 2018, 27 (3): 93 – 103.

[108] 张宝建, 胡海青, 张道宏. 企业创新网络的生成与进化——基于社会网络理论的视角 [J]. 中国工业经济, 2011 (4): 117 – 126.

[109] 张宝生, 王晓红. 虚拟科技创新团队知识转移稳定性研究——基于演化博弈视角 [J]. 运筹与管理, 2011, 20 (5): 169 – 175.

[110] 张保仓. 虚拟组织网络规模、网络结构对合作创新绩效的作用机制——知识资源获取的中介效应 [J]. 科技进步与对策, 2020, 37 (5): 27 – 36.

[111] 张路蓬. 基于创新网络的协同创新机制研究 [D]. 哈尔滨: 哈尔滨工程大学, 2016.

[112] 张悦, 梁巧转, 范培华. 网络嵌入性与创新绩效的 Meta 分析 [J]. 科研管理, 2016, 37 (11): 80 – 88.

[113] 张志华, 李瑞芝, 赵波. 多主体参与的协同创新体利益分配机制研究——高校主导的协同创新中心视角 [J]. 科技进步与对策, 2016, 33 (20): 25 – 29.

[114] 赵健宇, 付程, 袭希. 知识嵌入性、知识流动与战略联盟结构升级的关系研究 [J]. 管理评论, 2020, 32 (1): 91 – 106.

[115] 赵健宇, 任子瑜, 袭希. 知识嵌入性对合作网络知识协同效应的影响: 吸收能力的调节作用 [J]. 管理工程学报, 2019, 33 (4): 49 – 60.

[116] 赵炎, 姚芳. 创新网络动态演化过程中企业结盟的影响因素研究——基于中国汽车行业创新联盟的分析 [J]. 研究与发展管理, 2014, 26 (1): 70 – 77.

[117] 郑胜华, 池仁勇. 核心企业合作能力、创新网络与产业协同演化机理研究 [J]. 科研管理, 2017, 38 (6): 28 – 42.

[118] 郑向杰. 合作网络"小世界性"对企业创新能力的影响——基于中国汽车行业企业间联盟网络的实证分析 [J]. 科技进步与对策, 2014, 31 (13): 40 – 44.

[119] 周五七, 聂鸣. 促进低碳技术创新的公共政策实践与启示

[J]. 中国科技论坛, 2011 (7): 18 – 23.

[120] 周志方, 李祎, 肖恬, 曾辉祥. 碳风险意识、低碳创新与碳绩效 [J]. 研究与发展管理, 2019, 31 (3): 72 – 83.

[121] 朱雪春, 陈万明. 实践社群知识流动的可持续性研究——基于进化博弈的视角 [J]. 北京理工大学学报 (社会科学版), 2015, 17 (5): 56 – 62.

[122] Abiodun A E. The more the merrier? Network portfolio size and innovation performance in Nigerian firms [J]. Technovation, 2015 (44): 17 – 28.

[123] Aigner D, Lovell C A K, Schmidt P. Formulation and estimation of stochastic frontier production function models [J]. Journal of Econometrics. 1977, 6 (7): 21 – 37.

[124] Alberto A, Rosanna G, Silvana S, Anna T. Extending assortativity: An application to weighted social networks [J]. Journal of Business Research, 2019, 12 (10).

[125] Alghamdi F. Ambidextrous leadership and employee, and the interaction between ambidextrous leadership and employee innovative performance [J]. Journal of Innovation and Entrepreneurship, 2018, 7 (1): 1 – 14.

[126] Alvarez-Martínez R, Cocho G, Rodríguez R F, et al. Birth and death master equation for the evolution of complex networks [J]. Physica A Statistical Mechanics & Its Applicat, 2014, 402 (10): 198 – 208.

[127] Anne L. J, Ter W. Cluster emergence and network evolution: a longitudinal analysis of the inventor network in Sophia-Antipolis [J]. Regional Studies, 2013, 47 (5): 651 – 668.

[128] Apicella C L, Marlowe F W, Fowler J H, et al. Social networks and cooperation in hunter-gatherers [J]. Nature, 2012, 481 (7382): 497 – 501.

[129] Archetti M. Contract theory for the evolution of cooperation: The right incentives attract the right partners [J]. Journal of Theoretical Biology, 2011, 269 (1): 201 – 207.

[130] Avkiran N K. Removing the impact of environment with unit-invariant efficient frontier analysis: An illustrative case study with intertemporal pan-

el data [J]. Omega, 2009, 37 (3): 535 −554.

[131] Avkiran N K, Rowlands T. How to Better Identify the True Managerial Performance: State of the Art Using DEA [J]. Omega, 2008, 36 (2): 317 −324.

[132] Balland P A. Proximity and the evolution of collaboration networks: evidence from research and development projects within the global navigation satellite system (GNSS) industry [J]. Regional Studies, 2012, 46: 741 −756.

[133] Barker R, Camarata T. The role of communication in creating and maintaining a learning organization: Preconditions, indicators, and disciplines [J]. The Journal of Business Communication, 1998 (35): 443 −467.

[134] Batjargal B, Liu M M. Entrepreneurs' access to private equity in China: The role of social capital [J]. Organizational Science, 2004, 15 (2): 159 −172.

[135] Belderbos R, Carree M, Lokshin B. Complementarity in R&D cooperation strategies [J]. Review of Industrial Organization, 2006, 28 (4): 401 −426.

[136] Berkhout F. Technological regimes, path dependence and the environment [J]. Global Environmental Change, 2002, 12 (1): 23 −31.

[137] Broekel T, Fornahl D, Morrison A. Another cluster premium: Innovation subsidies and R&D collaboration networks [J]. Research Policy, 2015, 44 (8): 1431 −1444.

[138] Burt R S, Structural Holes: The Social Structure of Competition [M]. Harvard University Press, 1992: 25 −85.

[139] Cantù C, Corsaro D, Snehota I. Roles of actors in combining resources into complex solutions [J]. Journal of Business Research, 2012, 65 (2): 139 −150.

[140] Castro I, Casanueva C, Galán J L. Dynamic evolution of alliance portfolios [J]. European Management Journal, 2014, 32 (3): 423 −433.

[141] Charnes A, Cooper W W, Rhodes E. Measuring the efficiency of

decision making units [J]. European Journal of Operational Research, 1978, 2 (6): 429 –444.

[142] Chen C M. Super efficiencies or super inefficiencies? Insights from a joint computation model for slacks-based measures in DEA [J]. European Journal of Operational Research, 2013, 226 (2): 258 –267.

[143] Chen Z, Guan J. The impact of small world on innovation: An empirical study of 16 countries [J]. Journal of Informetrics, 2010, 4 (1): 97 –106.

[144] Christian L, Christophe L. The competitive advantage of cluster firms: the priority of regional network position over extra-regional networks-a study of a french hightech cluster [J]. Entrepreneurship & Regional Development: An International Journal, 2012, 24 (5 –6): 457 –473.

[145] Chuluun T, Prevost A, Upadhyay A. Firm network structure and innovation [J]. Journal of Corporate Finance, 2017, 44: 193 –214.

[146] Claudia G. Demand-pull and environmental innovations: Estimating the effects of innovative public procurement [J]. Technological Forecasting and Social Change, 2017, 125 (12): 178 –187.

[147] Coase R H. The nature of the firm [J]. Economic N. S. , 1937, 4 (3): 386 –405.

[148] Collins J, Riley J. Alliance portfolio diversity and firm performance: examining moderators [J]. Journal of Business and Management, 2013, 19 (2): 35 –50.

[149] Corsaro D, Snehota I. Alignment and misalignment in business relationships [J]. Industrial Marketing Management, 2011, 40 (6): 1042 –1054.

[150] Cowan R, Jonard N, Zimmermann J B. Bilateral collaboration and the emergence of innovation networks [J]. Management Science, 2007, 53 (7): 1051 –1067.

[151] Crespo J, Suire E R, Vicente J. Lock-in or lock-out? How structural properties of knowledge networks affect regional resilience [J]. Journal of Economic Geography, 2014, 14 (1): 199 –219.

[152] Criscnolo C, Menon C. Environmental policies and risk finance in the

green sector: Cross-country evidence [J]. Energy Policy, 2015 (83): 38 – 56.

[153] Cruz-Gonzalez J, Lopez-Saez P, Navas-Lopez J E, et al. Open search strategies and firm performance: The different moderating role of techno-logical environmental dynamism [J]. Technovation, 2014 (35): 32 – 45.

[154] Cui A S, O'Connor G. Alliance portfolio resource diversity and firm innovation [J]. Social Science Electronic Publishing, 2013, 32 (4): 83 – 93.

[155] Dhanaraj C, Parkhe A. Orchestrating innovation networks [J]. Academy of Management Review, 2006, 31 (3): 659 – 669.

[156] Doebeli M, Hauert C. Models of cooperation based on the prisoner's dilemma and the snowdrift game [J]. Ecology Letters, 2005, 8 (7): 748 – 766.

[157] Drake L M, Hall M J, Simper R. The impact of macroeconomic and regulatory factors on bank efficiency: A non-parametric analysis of Hong Kong's banking system [J]. Journal of Banking and Finance, 2006, 30 (5): 1443 – 1466.

[158] Ebadi A, Schiffauerova A. On the relation between the small world structure and scientific activities [J]. Plos One, 2015, 10 (3): 121 – 129.

[159] Eisingerich A B, Bell S J, Tracey P. How can clusters sustain per-formance? The role of network strength, network openness, and environmental uncertainty [J]. Research Policy, 2010, 39 (2): 239 – 253.

[160] Faems D, Janssens M, Neyens I. Alliance portfolios and innova-tion performance: connecting structural and managerial perspectives [J]. Group & Organization Management: An International Journal, 2012, 37 (2): 241 – 268.

[161] Falci C, Mcneely C. Too many friends: social integration, net-work cohesion and adolescent depressive symptoms [J]. Social Forces, 2009, 87 (4): 2031 – 2061.

[162] Ferraris A, Bogers M, Bresciani S. Subsidiary innovation perform-ance: Balancing external knowledge sources and internal embeddedness [J]. Journal of International Management, 2020, 26 (4): 100794.

［163］Fleming L, Frenken K. The evolution of innovation networks in the silicon valley and boston regions ［J］. Papers in Evolutionary Economic Geography, 2007, 10 (1): 53 –71.

［164］Fleming L, King C, Juda A I. Small worlds and regional innovation ［J］. Organization Science, 2007, 18 (6): 938 –954.

［165］Fornahl D, Broekel T, Boschma R. What drives patent performance of German biotech firms? The impact of R&D subsidies, knowledge networks and their location ［J］. Papers in Regional Science, 2011, 90 (2): 395 –418.

［166］Forster A M, Fernie K, Carter P. Innovation in Low Carbon Construction Technologies: An historic analysis for obviation defects ［J］. Structural Survey, 2015, 33 (1): 52 –72.

［167］Francis B, Melchior S. Stability and complexity of inter-firm cooperation: The case of multi-point alliances ［J］. European Management Journal, 2001, 19 (6): 619 –628.

［168］Freeman C. Networks of Innovators: A Synthesis of Research Issues ［J］. Research Policy, 1991, 20: 499 –514.

［169］Fried H O. Accounting for environmental effects and statistical noise in data envelopment analysis ［J］. Journal of Productivity Analysis, 2002, 17 (1): 157 –174.

［170］Ghisetti C. Demand-pull and environmental innovations: Estimating the effects of innovative public procurement ［J］. Technological Forecasting & Social Change, 2017, 125: 178 – 187.

［171］Giuseppe C. , Michaela T. Innovation-driven or challenge-driven participation in international energy innovation networks? empirical evidence from the H2020 programme ［J］. Sustainability, 2020, 12 (11): 4696.

［172］Graf H, Henning T. Public Research in Regional Networks of Innovators: A Comparative Study of Four East German Regions ［J］. Regional Studies, 2009, 43 (10): 1349 – 1368.

［173］Granovetter M. Economic action and social structure: The problem of embeddedness ［J］. American Journal of Sociology, 1985, 91 (3): 481 –510.

［174］ Granovetter M. Economic action and social structure：The problem of embeddedness ［J］. American Journal of Sociology, 2001, 91 （3）: 481 – 510.

［175］ Granovetter M. The strength of weak ties ［J］. American Journal of Sociology, 1973, 78: 1360 – 1380.

［176］ Guan J, Liu N. Exploitative and exploratory innovations in knowledge network and collaboration network：A patent analysis in the technological field of nano-energy ［J］. Research Policy, 2016, 45 （1）: 97 – 112.

［177］ Haslam G E, Jupesta J, Parayil G. Assessing fuel cell vehicle innovation and the role of policy in Japan, Korea, and China ［J］. International Journal of Hydrogen Energy, 2012 （37）: 14612 – 14623.

［178］ Heide J B, John G. Alliances in industrial purchasing：The determinants of joint action in buyer-supplier relationships ［J］. Journal of Marketing Research, 1990 （27）: 4 – 36.

［179］ Hoen K M R, Tan T, Fransoo J C, et al. Effect of carbon emission regulations on transport mode selection under stochastic demand ［J］. Flexible Services & Manufacturing Journal, 2014, 26 （2）: 170 – 195.

［180］ Hoffert M. I, Caldeira K, Benford G, et al. Advanced technology paths to global climate stability：energy for a greenhouse planet ［J］. Science, 2002, 298 （5595）: 981 – 987.

［181］ Hoffmann W H. Strategies for managing a portfolio of alliances ［J］. Strategic Management Journal, 2007, 28 （8）: 827 – 856.

［182］ Javier A, Gregorio M C, José E. The importance of the complementarity between environmental management systems and environmental innovation capabilities：A firm level approach to environmental and business performance benefits ［J］. Technological Forecasting and Social Change, 2015, 96 （7）: 288 – 297.

［183］ Jiang R J, Tao Q T, Santoro M D. Alliance portfolio diversity and firm performance ［J］. Strategic Management Journal, 2010, 31 （10）: 1136 – 1144.

［184］ Jiang Y, Chun W, Yang Y. The effects of external relations network on low-carbon technology innovation: Based on the study of knowledge absorptive capacity [J]. Sustainability, 2018, 10 (1): 155.

[185] Jonathan K, Wolfgang S, Guillaume L. Leaving fossil fuels behind? An innovation system analysis of low carbon cars [J]. Journal of Cleaner Production, 2013, 48 (6): 176 – 186.

[186] Josef T. Evolution and structure of technological systems-An innovation output network [J]. Research Policy, 2020, 49 (8): 104010.

[187] Jovanka D S. Innovation oriented FDI as a way of improving the national competitiveness [J]. Procedia-Social and Behavioral Sciences, 2015, 12 (213): 37 – 42.

[188] Kazuyoshi O. Analysis of transition dynamics caused by technological breakthroughs: Cause of productivity slowdown and drop in existing firms' stock prices [J]. Structural Change and Economic Dynamics, 2015, 35 (12): 12 – 25.

[189] Kermani F, Gittins R. Where will industry go to for its high-calibre staff? [J]. Commercial Biotechnology, 2014, 11 (1): 63 – 71.

[190] Klaas V A, Hekkert M P, Turkenburg W C. Accelerating the deployment of carbon capture and storage technologies strengthening the innovation system [J]. International Journal of Greenhouse Gas Control, 2009 (19): 108 – 212.

[191] Kraatz, M. S.. Learning by Association? Inter-organizational Networks and Adaptation to Environmental Change. Academy of Management Journal, 1998, 41 (6): 621 – 643.

[192] Krätke S. Regional knowledge networks: A network analysis approach to the interlinking of knowledge resources [J]. European Urban & Regional Studies, 2010, 17 (1): 83 – 97.

[193] Lai X, Liu J, Shi Q, et al. Driving forces for low carbon technology innovation in the building industry: A critical review [J]. Renewable & Sustainable Energy Reviews, 2017, 74: 299 – 315.

[194] Laursen K, Masciarelli F, Prencipe A. Regions matter: how local-

ized social capital affects innovation and external knowledge acquisition [J]. Organization Science, 2012, 23 (1): 177 – 193.

[195] Lavie D, Haunschild P R, Khanna P. Organizational differences, relational mechanisms, and alliance performance [J]. Strategic Management Journal, 2012, 33 (13): 1453 – 1479.

[196] Law N, Liang L. Sociotechnical co-evolution of an e-Learning innovation network [J]. British Journal of Educational Technology, 2019, 50 (3): 1340 – 1353.

[197] Lee S, Holme P, Wu Z X. Emergent hierarchical structures in multiadaptive games [J]. Physical Review Letters, 2011, 106 (2): 75 – 89.

[198] Lee S. Open innovation in SMEs-An intermediated network model [J]. Research Policy, 2010, 39 (2): 290 – 300.

[199] Leeuw T D, Lokshin B, Duysters G. Returns to alliance portfolio diversity: The relative effects of partner diversity on firm's innovative performance and productivity [J]. Journal of Business Research, 2014, 67 (9): 1839 – 1849.

[200] Lei Z, Chen Y, Lim M K. Modelling and analysis of big data platform group adoption behaviour based on social network analysis [J]. Technology in Society, 2021, 5 (65): 101570.

[201] Lema A, Lema R. Low-carbon innovation and technology transfer in latecomer countries: Insights from solar PV in the clean development mechanism [J]. Technological Forecasting & Social Change, 2016, 104: 223 – 236.

[202] Lidan J. Dynamic evolution of technology innovation network from the perspective of structural holes [J]. Boletin Tecnico/technical Bulletin, 2017, 55 (9): 317 – 325.

[203] Li P F, Bathelt H, Wang J. Network dynamics and cluster evolution: changing trajectories of the aluminum extrusion industry in Dali, China [J]. Journal of Economic Geography, 2012, 12 (2): 127 – 155.

[204] Liu X, Fan Y, Li C. Carbon pricing for low carbon technology diffusion: A survey analysis of China's cement industry [J]. Energy, 2016, 106

(6): 73 – 86.

[205] Lowik S, Kraaijenbrink J, Groen A J. Antecedents and effects individual absorptive capacity: A micro-foundational perspective on open innovation [J]. Journal of knowledge management, 2017, 21 (6): 1319 – 1341.

[206] Lowik S, Van Rossum D, Kraaijenbrink J, Groen A. Strong Ties as Sources of New Knowledge: How Small Firms Innovate through Bridging Capabilities. Journal of Small Business Management, 2012, 50 (2): 239 – 256.

[207] Lundvall B A. National systems of innovation: Towards a theory of innovation and interactive learning [M]. London: Pinter Publishers, 1992: 210 – 218.

[208] Marsden P V, Campbell K E. Reflections on conceptualizing and measuring tie strength [J]. Social Forces, 2012, 91 (1): 17 – 23.

[209] Meuleman M, Jääskeläinen M, Maula M V J, et al. Venturing into the unknown with strangers: substitutes of relational embeddedness in cross-border partner selection in venture capital syndicates [J]. Journal of Business Venturing, 2017, 32 (2): 131 – 144.

[210] Milgrom P, Roberts J. Complementarities and fit strategy, structure, and organizational change in manufacturing [J]. Journal of Accounting and Economics, 1995, 19 (2/3): 179 – 208.

[211] Mindruta D, Moeen M, Agarwal R. A two-sided matching approach for partner selection and assessing complementarities in partners' attributes in Inter-firm alliances [J]. Strategic Management Journal, 2016, 37 (1): 206 – 231.

[212] Miremadi I, Saboohi Y, Jacobssonc S. Assessing the performance of energy innovation systems: Towards an established set of indicators [J]. Energy Research & Social Science, 2018, 40 (6): 159 – 176.

[213] Mitsuhashi H, Min J W. Embedded networks and suboptimal resource matching in alliance formations [J]. British Journal of Management, 2016, 27 (2): 287 – 303.

[214] Mohaghar A, Jafarnejad A, Mirkazemi M, et al. A framework to

evaluate customer knowledge co-creation capacity for new product development [J]. African Journal of Business Management, 2012, 6 (21): 6401 –6414.

[215] Moreno J L, Test I S. Psychological and social organization of groups in the community [C]. Proceedings & Addresses. American Association on Mental Deficiency, 1933, 38: 224 –242.

[216] Nambisan S, Baron R A. Entrepreneurship in innovation ecosystems: entrepreneurs' self-regulatory processes and their implications for new venture success [J]. Entrepreneurship theory & practice, 2013, 37 (5): 1071 –1097.

[217] Newbert S L, Tornikoski E T. Resource acquisition in the emergencephase: considering the effects of embeddedness and resource dependence [J]. Entrepreneurship Theory and Practice, 2013, 37 (2): 249 –280.

[218] Nieto M J, Santamaria L. The importance of diverse collaborative networks for the novelty of product innovation [J]. Technovation, 2007, 27 (6 –7): 367 –377.

[219] Ockwell D, Haum R, Mallett A. Intellectual property rights and low carbon technology transfer: conflicting discourses of diffusion and development [J]. Global Environmental Change, 2010, 20 (4): 729 –738.

[220] Ockwell D, Mallett A. Low carbon innovation and technology transfer [J]. Electroencephalography & Clinical Neurophysiology, 2013, 87 (2): S127.

[221] Ockwell D, Watson J, Mackerron G. Key policy considerations for facilitating low carbon technology transfer to developing countries [J]. Energy Policy, 2008, 36 (11): 4104 –4115.

[222] Olusegun A H, Ashari H, Nordin N. Influence of top management commitment, stakeholder pressure and public concern on sustainable environmental manufacturing practices in Malaysia data screening and preliminary analysis [J]. The International Journal of Business & Management, 2014, 2 (11): 189 –196.

[223] Omer A M. Focus on Low Carbon Technologies: The Positive Solu-

tion [J]. Renewable and Sustainable Energy Reviews, 2007 (4): 1 – 27.

[224] Pacala S, Socolow R. Stabilization wedges: solving the climate problem for the next 50 years with current technologies [J]. Science, 2004, 305: 968 – 972.

[225] Pangarkar N, Wu J. Alliance formation, partner diversity, and performance of Singapore startups [J]. Asia Pacific Journal of Management, 2013, 30 (3): 791 – 807.

[226] Parkhe A. Interfirm diversity, organizational learning, and longevity in global strategic alliances [J]. Journal of International Business Studies, 1991, 22 (4): 579 – 601.

[227] Pereira ángeles, Vence X. Key business factors for eco-innovation: an overview of recent firm-level empirical studies [J]. Cuadernos De Gestion, 2012, 12: 73 – 103.

[228] Perks H, Jeffery R. Global network configuration for innovation: a study of international fibre innovation [J]. R&D management, 2006, 36 (1): 67 – 83.

[229] Perks H, Kahn K, Zhang C. An Empirical Evaluation of R&D-marketing NPD Integration in Chinese Firms: The Guanxi Effect [J]. Journal of Product Innovation Management, 2009, 26 (6): 640 – 651.

[230] Phelps C C. A Longitudinal Study of the influence of alliance network structure and composition on firm exploratory innovation [J]. Academy of Management Journal, 2010, 53 (4): 890 – 913.

[231] Plum O, Hassink R. Comparing knowledge networking in different knowledge bases in Germany [J]. Papers in Regional Science, 2011, 90 (2): 355 – 371.

[232] Pomeroy C, Bond R M, Mucha P J, Cranmer S J. Dynamics of social network emergence explain network evolution [J]. Scientific Reports, 2020, 1 (10).

[233] Porter M E, Linde C V D. Toward a new conception of the environment competitiveness relationship [J]. Journal of Economic Perspectives,

1995, 9 (4): 97 – 118.

[234] Powell W W, White D R, Koput K W. Network dynamics and field evolution: the growth of inter-organizational collaboration in the life sciences [J]. American Journal of Sociology, 2005, (110): 1132 – 1205.

[235] Pueyo A. Enabling frameworks for low-carbon technology transfer to small emerging economies: Analysis of ten case studies in Chile [J]. Energy Policy, 2013, 53 (1): 370 – 380.

[236] Raesfeld A V, Geurts P, Jansen M, Boshuizen J, Luttge R. Influence of partner diversity on collaborative public R&D project outcomes: A study of application and commercialization of nanotechnologies in the Netherlands [J]. Technovation, 2012, 32 (3): 227 – 233.

[237] Randhawa K, Josserand E, Schweitzer J, et al. Knowledge collaboration between organizations and online communities: the role of open innovation intermediaries [J]. Journal of Knowledge Management, 2017, 21 (6): 129 – 1318.

[238] Rijnsoever F J V, Berg J V D, Koch J. Smart innovation policy: How network position and project composition affect the diversity of an emerging technology [J]. Research Policy, 2015, 44 (5): 1094 – 1107.

[239] Ritala P, Hurmelinna-Laukkanen P. Incremental and radical innovation in coopetition: the role of absorptive capacity and appropriability [J]. Journal of Product Innovation Management, 2013, 30 (1): 154 – 169.

[240] Rogan M. Too close for comfort? The effect of embeddedness and competitive overlap on client retention following an acquisition [J]. Organization Science, 2014, 25 (1): 185 – 203.

[241] Rost K. The strength of strong ties in the creation of innovation [J]. Research Policy, 2011, 40 (4): 588 – 604.

[242] Salvetat D, Géraudel M. The tertius roles in a coopetitive context: The case of the European aeronautical and aerospace engineering sector [J]. European Management Journal, 2012, 30 (6): 603 – 614.

[243] Sampson R C. R&D alliances and firm performance: the impact of

technological diversity and alliance organization on innovation [J]. Academy of Management Journal, 2007, 50 (2): 364 – 386.

[244] Saveyn B. , Paroussos L. , Ciscar J. C. Economic analysis of a low carbon path to 2050: A case for China, India and Japan [J]. Energy Economics, 2012, 34 (2): S451 – S458.

[245] Schilling M A, Phelps C C. Interfirm collaboration networks: The impact of large-scale network structure on firm innovation [J]. Management Science, 2007, 53 (7): 1113 – 1126.

[246] Shazi R, Gillespie N, Steen J. Trust as a predictor of innovation network ties in project teams [J]. International Journal of Project Management, 2014, 33 (1): 81 – 91.

[247] Shin S J, Yuan F, Jing Z. When perceived innovation job requirement increases employee innovative behavior: A sense making perspective [J]. Journal of Organizational Behavior, 2017, 38 (1): 68 – 86.

[248] Shi Q, Lai X. Identifying the underpin of green and low carbon technology innovation research: A literature review from 1994 to 2010 [J]. Technological Forecasting & Social Change, 2013, 80 (5): 839 – 864.

[249] Speckbacher G, Neumann K, Hoffmann W H. Resource relatedness and the mode of entry into new businesses: internal resource accumulation vs. access by collaborative arrangement [J]. Strategic Management Journal, 2014, 36 (11): 1675 – 1687.

[250] Storbacka K, Nenonen S. Markets as configurations [J]. European Journal of Marketing, 2011, 45 (1/2): 241 – 258.

[251] Subramanian A M, Soh P H. Linking alliance portfolios to recombinant innovation: the combined effects of diversity and alliance experience [J]. Long Range Planning, 2017, 50 (5): 636 – 652.

[252] Sullivan D M, Marvel M R. Knowledge acquisition, network reliance, and early-stage technology venture outcomes [J]. Journal of Management Studies, 2011, 48 (6): 1169 – 1193.

[253] Sun L, Wang J, Wang Z, Marquez L. Mechanism of carbon

finance's influence on radical low-carbon innovation with evidence from China [J]. Sustainability, 2020, 18 (12): 7708 - 7708.

[254] Szulanski G. The process of knowledge transfer: A diachronic analysis of stickiness [J]. Organization Behavior Human Decision Processes, 2000, 82 (1): 9 - 27.

[255] Terjesen S, Patel P. C, Covin J G. Alliance diversity, environmental context and thevalue of manufacturing capabilities among new high technology ventures [J]. Journal of Operations Management, 2011, 29 (1): 105 - 115.

[256] Thiago C S, Benjamin M T. A comparison of DEA and SFA using micro-and macro-level perspectives: Efficiency of Chinese local banks [J]. Physical A: Statistical Mechanics and Its Applications, 2017, 469 (3): 216 - 223.

[257] Tim D L, Boris L, Geert D. Returns to alliance portfolio diversity: The relative effects of partner diversity on firm's innovative performance and productivity [J]. Journal of Business Research, 2014 (67): 1839 - 1849.

[258] Torvanger A, Meadowcroft J. The political economy of technology support: Making decisions about carbon capture and storage and low carbon energy technologies [J]. Global Environmental Change, 2011, 21 (2): 303 - 312.

[259] Villegas-Palacio C, Coria J. On the interaction between imperfect compliance and technology adoption: Taxes versus tradable emissions permits [J]. Journal of Environmental Economics and Management, 2010, 38 (3): 265 - 284.

[260] Vlaisavljevic V, Cabello-medina C, Perez-luno A. Coping with diversity in alliances for innovation: the role of relational social capital and knowledge codifiability [J]. British Journal of Management, 2016, 27 (2): 304 - 322.

[261] Wang G, Li Y, Zuo J. Who drives green innovations? Characteristics and policy implications for green building collaborative innovation networks in China [J]. Renewable and Sustainable Energy Reviews, 2021, 7 (143): 110875.

[262] Warbroek B, Hoppe T. Modes of Governing and Policy of Local and Regional Governments Supporting Local Low-Carbon Energy Initiatives: Ex-

ploring the Cases of the Dutch Regions of Overijssel and Fryslân [J]. Sustainability, 2017, 9 (1): 75.

[263] Watson J, Byrne R, Ockwell D, et al. Lessons from China: building technological capabilities for low carbon technology transfer and development [J]. Climatic Change, 2015, 131 (3): 387 – 399.

[264] Watts D J, Strogatz S H. Collective dynamics of 'small-world' networks [J]. Nature, 1998, 93 (6684): 440.

[265] William E, Halal. Forecasting the technology revolution: Results and learnings from the tech cast project [J]. Technological Forecasting and Social Change. 2013, 80 (8): 1635 – 1643.

[266] Williamson, Oliver E. The Economic Institutions of Capitalism: Firms, Markets, Relational Contracting [M]. New York: The Free Press, 1985.

[267] Woo T. Dynamical assessment for evolutions of Atomic-Multinology (AM) in technology innovation using social network theory [J]. Annals of Nuclear Energy, 2012, 41 (3): 12 – 16.

[268] Wu J, Dong G. Measuring E-government performance of provincial government website in China with slacks-based efficiency measurement [J]. Technological Forecasting & Social Change, 2015, 96 (1): 25 – 31.

[269] Wuyts S, Dutta S, Stremersch S. Portfolios of interfirm agreements in technology-intensive markets: Consequences for innovation and profitability [J]. The Journal of Marketing, 2004, 68 (2): 88 – 100.

[270] Wytze V D, Begg K. Enhancing the Role of the CDM in Accelerating Low-Carbon Technology Transfers to Developing Countries [J]. Carbon & Climate Law Review, 2009 (1): 58 – 68.

[271] Xie X M, Wang H W, Jiao H. Non-R&D innovation and firms' new product performance: the joint moderating effect of R&D intensity and network embeddedness [J]. R&D Management, 2019, 49 (5): 748 – 761.

[272] Yayavaram S, Ahuja G. Decomposability in knowledge structures and its impact on the usefulness of inventions and knowledge-base malleability [J]. Administrative Science Quarterly, 2008, 53 (2): 333 – 362.

［273］Yiannis E S, Nicholas S V, Irini V. Antecedents of innovation impacts in publicly funded collaborative R&D projects ［J］. Technovation, 2015, 2 (36): 53 – 64.

［274］Yildiz H E, Fey C F. Compatibility and unlearning in knowledge transfer in mergers and acquisitions ［J］. Scandinavian Journal of Management, 2010, 26 (4): 448 – 456.

［275］Yi S, Knudsen T, Becker M C. Inertia in routines: A hidden source of organizational variation ［J］. Organization Science, 2016, 27 (3): 782 – 800.

［276］Zhang B, Wang Z H, Lai K H. Mediating effect of managers' environmental concern: Bridge between external pressures and firms' practices of energy conservation in China ［J］. Journal of Environmental Psychology, 2015, 43 (1): 203 – 215.

［277］Zhou Y C, Zhang B. Joint R&D in low-carbon technology development in China: A case study of the wind-turbine manufacturing industry ［J］. Energy Policy, 2012, 46 (7): 100 – 108.

［278］Zuray M, Francisco J. A three-stage DEA-SFA efficiency analysis of labour-owned and mercantile firms ［J］. Journal of Industrial & Management Optimization, 2011, 7 (3): 573 – 592.